Poemas e historias

en punto cruz

selecciones monócromas

PATRICIA LINARES

Editorial Círculo Cultural

06/06/15

Para Mªs da Olivares
con mucho cariño

Patricia Linares

A: José Antonio (1967 - 1980)
Una estrella fugaz regresa en las noches frías, en todos los mayos, a contarme historias, acariciarme y recordarme su presencia.

A mi hermano querido.

"Entre la vida y yo hay un cristal tenue. Por más claramente que vea y comprenda la vida, no puedo tocarla."
Fernando Pessoa.

Índice

Agradecimientos

Gracias a la benevolencia y al apoyo de muchas personas a sido posible la publicación de este libro.

Me es imposible dejar pasar la oportunidad para agradecer de manera especial:

Al Círculo Cultural: albergue para el arte y la creatividad.

A Verónica Escámez fundadora y directora de Círculo Cultural por su apoyo y su confianza.

A Antonio de Pórcel por su amistad y por su dedicación en la edición de este libro.

A mis maestras del Taller de Lectura y Escritura.

A Alis Mireles, Corani Robles, Eduardo Alejandro López Robles, Lorena Ramírez, Olga Bañuelos Trujillo y Victoria Gaytán, compañeras y compañeros del Taller de Escritura y Lectura.

A Roxana E. Escamilla por iluminar el camino para realizar mi sueño.

A mi familia por ser y estar ahí.

A las amigas y amigos que compartieron mi destino durante todas mis estaciones.

A lo que vendrá.

Prólogo

Esta obra es muy especial, está formada y generada por una idea interesante. La autora nos presenta un "Collage Literario". Es decir cada página representa, de alguna manera, la parte de un todo que es el tema de la obra. El lector puede imaginarse que cada página es una de las células de un órgano vivo y que el conjunto de todas ellas constituye el profundo mensaje de la autora. Además, cada página tiene vida por y en sí misma.

En nuestra experiencia diaria, nos es muy fácil entender e interpretar un "collage" fotográfico. Por ejemplo la colección de fotos de la familia representadas en un cuadro. No es así en un collage literario, porque está formado por ideas parciales, imágenes del lenguaje, distribuidas caprichosamente a lo largo de la obra. El lector tiene la interesante tarea de juntarlas, como si fueran partes de un rompecabezas. Una vez logrado esto, la obra adquiere una profundidad que estimula el pensamiento y la imaginación.

El título: "Poemas e Historias en Punto Cruz: selecciones monócromas" indica que las selecciones adquieren su colorido semántico de la "Gestalt" que encierra la obra completa. Esto quiere decir que cada una de las historias está ligada a todas las historias contenidas en la obra. Y la forma como esta relación se articula es "En Punto Cruz".

Puede que algunos lectores se pregunten: ¿Cuál es el tema de la obra? ¿Cuál es el mensaje de la autora?

Al representar un "Collage Literario", esta obra es "Multi-Temática", posee tantos temas y/o mensajes como interpretaciones encuentren los lectores. En ese sentido, es Multi-dimensional.

Uno de los temas que encuentro más interesantes es la secuencia caprichosa de experiencias vitales de varios protagonistas, casi anónimos, pero que van modelando sus personalidades a través de las diversas etapas de sus vidas.

El estilo de Patricia Linares es fluido en cuanto al contenido, pero ondulado y hasta un poco tortuoso en cuanto a la forma. Estilo este que encuentro sumamente interesante y que solamente se da en escritores que no necesitan pensar para escribir. Creo que ellos piensan después de haberlo escrito. Escriben con la pluma sopada en la sangre de sus emociones más profundas. Por eso, algunas veces no es fácil seguir las diversas líneas de pensamiento que se entremezclan en el collage.

He tenido el placer y la suerte de trabajar con Patricia en la edición de este su estupendo libro. Patricia es una persona sumamente interesante, franca y sencilla, que cuando habla escribe y cuando escribe, habla. La suerte, porque he aprendido un poco de lo que es en realidad un "Collage Literario", algo que era completamente ajeno a mi manera de pensar. Le estoy muy agradecido y doy fe en este prefacio.

Un abrazo de amigo
ToTTó

Introducción

Este libro consta de varias partes, distribuidas y engarzadas en un collage de letras donde nada se deja al azar. Los poemas, las historias cortas y los cuentos son parte de una realidad oculta por las mascaritas con que se suelen disfrazar las emociones y los sentimientos que son difíciles de admitir o tolerar.

Muchas de las historias se alinean en una secuencia y luego se separan, al final de las mismas he querido adherir la palabra "De" para destacar algunos proyectos ligados entre sí, como ser: intenciones, ideas en la nube de la imaginación en las que ya estoy trabajando y que irán tomando un molde poco a poco.

Para mi la palabra "collage" significa ir mas allá de la forma, poblar de ideas al lector para que él encuentre para sí eso que busco de manera literaria.

Me cuesta esperar a sentarme a desempolvar historias. Mientras las desdoblo, mientras busco las pistas que me lleven a ellas cual collage, ellas, esas historias me desdoblan dislocándome fácilmente el cuello, el tronco, los brazos, las piernas, las ideas...Como un juego, me susurran que me han regalado un rompecabezas un collage para armar, una historia apasionante a seguir, un nuevo modo de expresar

Las letras se van hilvanando, tomando la forma que nuestro modo de ver el mundo les vaya dando. Este libro es una selección sencilla de aquello que se expresa para que no nos desborde.

Patricia Linares

Primera Parte:

en blanco y negro …

Patricia Linares

+ Ellas me susurran

Despierta
en vigilia forzada
al caminar las paredes me observan
liberadas de la ira de los días que las castiga y
enmudece
conversando entre ellas y cuchicheando
riéndose me llaman
yo las ignoro, dándoles distancia con la espalda
y entonces
las escucho susurrarme
contarme historias
enredadas como algas marinas
como ovillos de lana
caídas de agua llenas de memorias
fluyen desde las esquinas
hablan de fiestas
de luciérnagas, de miradas anónimas y ausentes
de gatos y gritos nocturnos
tratan de decir algo
que llegan me dicen, para hacerme compañía
para ayudarme a mirar por detrás de la cornisa
a entender las historias inconclusas
mofándose burlonas
de mi andar detrás de pistas falsas.
- ¿Para qué? -les pregunto -
- ¿Darse a la tarea de querer acompañarme? -

De ese buscarme por doquier.
Vuelvan paredes a sus memorias
a sus historias inentendibles como lenguajes en
códigos encriptados
que aquí la fiesta continua sin ustedes
y la danza es la más oscura
que las historias se sigan agolpando
y olvidándose incompletas como el peor de los finales
yo no necesito motivos
para llenar el silencio.

+ No, de ti no.

No, de ti
de ti no quiero nada
ni el suspiro ahogado de tu corazón que nada siente
ni las lágrimas inadvertidas que recogiste a destiempo
ni tus palabras hechas dolor
calla
de ti no quiero nada
ni las flores secas que jamás enviaste
ni los poemas que murieron en el estanque de tu
orgullo antes de haber nacido
no quiero tus mil muertes esperándome en una
esquina
no me hables del insomnio de tus noches vacías y sin
tinta
de las cartas devueltas
de tu desear correr sin rumbo hasta convertirte en el
viento que me roza.
Vete.
De ti no.
De ti no quiero nada.
Llévatelo todo
regrésalo al principio de los tiempos
a algún lugar remoto del cosmos
a ese espacio
eternamente silencioso
anónimos éramos entonces.
✳

+ Martibardía

En este preciso instante
en este momento que te enfrentas a la verdad y dices
no temer
puedes preguntarle y sin permiso a ese lado tuyo
que no te pide nada
que motivos tienes para amar tanto, por tan poco...
Te dice que hay nadie, que pases y juegues todas tus
barajas
y sin embargo
caminas de largo apurando el paso
pretextando que quizás la puerta este cerrada
que todo a su tiempo
la respuesta vendrá sola
desde el fondo alguien, que desde hace rato se te
esconde
te mira y se ríe de tu simpleza ...
Cobarde.

+ Focalizándote.

Tiempo perdido,
demasiado espacio,
valijas llenas de soledad.
No, no te confundas.
Este amor
no es para ti.
Alguien tiene que decir las cosas aquí.
- ¿Te afectó lo que te dije? -
Si no te lo digo yo.
- ¿Quién te lo dirá? –

+ Darse cuenta que I

La tarde va pasando por mi vereda,
estiro mis brazos cansados
y me desperezo en la silla.
La nostalgia llega a mi
como un suspiro ahogado, dentro de mi pecho.
Sin querer vuelvo a abrir el cofre,
sigilosamente los recuerdos vuelan, posándose en mis
hombros
y me hablan como a una niña,
dicen que llegan a bañarse en mi compañía,
junto al árbol de mi infancia. - Suspiraron -
La primavera duró muy poco ...
- ¿Y tú, qué tienes que sentir? - me preguntan.
Son como espejos,
me observo en ellos.
- ¿Los siento? - me pregunto.
- ¿Es que queda algo en el fondo del agua? -
- ¿En la nube gris que desvío todos los días? -
Queda nada, nada.
A lo lejos,
veo al mar cantando en el horizonte
y me llama ...

+ Me dices que II

La miel se fue,
la piel, se fue
¿Y el tiempo? Se fue.
Es cierto, lo reconozco con tristeza.
Se me alejan,
se me van con el tiempo.
Me levanto,
camino lentamente por el cuarto,
recordando horas que se fueron
en silencio.
Una lágrima ...
cierro el cofre - un suspiro ...-
y el cajón - una resignación ... -
y mi ventana,
- se apagó la luz. –

+ A David.

Toda la paciencia del mundo, ángel mío,
yo si sé de tus dolores.
Tu llanto es una queja lejana,
un canto antiguo que reconozco.
Me miras y tus ojitos tristes
musitan un lenguaje que sólo tú y yo entendemos.
¡Cómo pasan tus días sin amor!
¡Sin palabras de ternura!
Tu soledad es tan grande como es tu dolor,
Tus lágrimas piden un poco de lo mucho que te falta.
Lo sé ...
Hoy me despido ángel mío.
Déjame abrazarte como un árbol que te enraíza.
Vamos a cantar la canción que te gusta,
juntemos las manitos, crucemos los deditos.
Tus ojitos son tus alas.
Somos hojas arrastradas por el viento.
- Otoño. -
Somos hojas que dan vueltas
- Destino. -
Una danza que ajusta todas las cuentas,
al final lo que nos queda
es sólo eso.
- Colores de hojas muertas.

+ Luna que no mima

Hoy la luna camina en el cielo, coqueta.
Es una noche oscura y sin estrellas,
no da lo que le sobra.
Su resplandor, su redondez, su belleza plena.
- Indiferente. -
Peina lentamente su melena
frente al universo,
su gran espejo
que la mima y la corona cada noche.
La llamamos
pero no escucha, no atiende,
no entiende razones.
¡Para qué pedirle nada!
Si ya se fue.

+ Definitivo

No diré nada,
yo bebo del brillo del día,
me alimento de contar estrellas, en noches abiertas;
me nutro de las voces infantiles, en el parque.
No diré nada
después de todo.
Disfruto de la suavidad de la seda,
del canto de los pájaros al amanecer,
de las filigranas de plata que el tiempo dibuja en mi
sien
y de este amor que no renuncia
¡No diré nada!
Después de todo, fue definitivo ...
¡Vino de ti!

+ Tarde

- Sensatez -
Llegas cabalgando aprisa
para abrazar a este sentido desbocado y arroparlo de
razón.
Siento decirte
que llegas tarde.
Partió díscolo, furioso.
Sin freno.
Sin dar marcha atrás.
Todo ha cambiado ahora:
en el tiempo,
en el espacio.
- Sensatez -
El sentido te dice
acto consumado.

+ Mariposa

Festiva
grácil
adornada en tus colores
me deslumbras.
Delicada y vistosa,
volando de pistilo en pistilo,
viajas
sin pedir permiso.
Inquieta.
Exótica belleza.
Te posas sobre las trémulas flores
que esperan ansiosas y rebosantes de néctar,
abriendo para ti todos sus secretos.
Te observo:
esbelta,
luminosa,
traviesa,
ágil,
extendiendo tus alas y cubrirte de nácar.

+ Habrá

- ¿Habrá comprensión, sin razón alguna? -
- ¿Para este dolor, sin origen aparente? -
- ¡Quizás! -
Si extiendo las manos, apretando lo nudillos
y toco despacito en cada puerta,
sin espantar a nadie.
- ¡Quizás se abran! -
Para darme un poco de calor,
un poco de consuelo.
- ¡Mas, todavía! -
- ¿Vendrá la libertad a buscarme ahí adentro? -
Si extiendo mis manos hacia una ventana.
Quizás - te dije - quizás ...
¿Yo?
Ya estoy loca.

+ Hoy

Hoy siento este día
como un golpear incesante de olas inclementes
sobre una orilla llamada vida
apretado silencio que no dejas junturas ni reposo
porque siempre lo niegas todo
porque no sientes
si tú sabes por mucho
que en lo lejano
en lo inalcanzable
en lo inmenso
el asombro transcurre
el diálogo existe
el vaivén existe
la palabra poema existe
sin pausas
sin frenos
sin remordimientos
libremente y sin mí ...

+ Mi mejor amiga
El silencio es mi casero,
mi compañía
es la soledad.
Esta rebeldía mi mejor amiga,
como humana esta esperanza.
Sé
que quizás está demás decir
que mi fidelidad a la cordura me tiene,
desde hace rato y desde hace mucho,
jugando a la demencia
con enanos rabiosos.
Porque yo salto:
sobre todo dolor,
sobre toda tristeza,
sobre toda decepción,
sobre todo desconsuelo,
sobre toda agonía,
sobre todo martirio,
y me hago fuerte,
poderosa,
toda esperanza,
toda contentura.
Tan frágil es mi existencia
que de vez en cuando
me ausento
siempre.
Porque ya sabes
el silencio es mi casero,
mi compañía,
la soledad.

+ Noche

Como otras veces me llamas para hacerte compañía,
Egoísta, no me hablas.
Me observas fijamente, mientras la ciudad duerme,
mientras ellos sueñan
dulcemente.
Déjame decirte que esta vez es diferente.
Hoy no hay prisas, ni horarios, ni llamadas
aquí y allá todo parece haberse detenido por un
espacio
breve,
hasta su alegría.
Complacida extiendo tus minutos y te llevo a casa
a tiempo,
para encontrarlos arrullándose contigo
en lo que dura mi
ausencia.
Te digo: - Es que crecen tan rápido -
Como yo … Como tú …
Despiertan.
Con ellos la dicha se pone los zapatos
hecha prisa
mientras
tú bostezas.
Ya cansada me pides que te siga
y me llamas a lo lejos.
Y me insistes ya sin fuerzas...

Pero no,
sabes que aún no me acostumbro, déjame aquí con
ellos,
ve tú,
descansa.
Como siempre
reunidas estaremos nuevamente ...
Yo escuchando en el silencio
y tú mirándome fijamente...
- ¡Noche! –

Añoranza

+ Hacia ningún lugar
La mesa puesta,
las horas pasando lento,
inmóvil espera.
- ¡No! -
No existe
la presencia añorada.
No existe ese uno amoroso.
Existe la sombra
que no cesa de estar
en todo.
No existes.
- ¡Estas ahí! -
Sombra mojigata,
tonta, anonadada.
Agazapada vives
lechuza en la oscuridad.
Esperándome
para partir.
- ¿Partir? -
- ¿A dónde? -
No más
sombra lisonjera.
- ¿Partir para qué? -
Vete tú.
Después de todo,
No existes
Eres nada ...

+ Llegaste y ni te esperaba ...

Viniste sufrimiento ...
Ya había guardado tu retrato
en esta hora vespertina,
lejos del mar
que es mi guarida.
En un horizonte más allá del tiempo
repetimos viejas inquietudes.
- ¿Verdad? -
Estas ansioso por tocarme
y me dices:
- Que la tierra es una sombra inmensa
y su negrura como ala de cuervo es una trampa. -
Cara o sello te da igual.
Tímido, penoso como siempre.
Te gustan las víctimas que se entregan.
Sé que el baile se esfuma
y se quedan los corazones,
secreteando antiguas razones.
- ¡Inevitable!
La ciudad corre en tren
viviendo a gritos.
Desde aquí sé que no gano tu piedad
ni pierdo algo sin tu presencia.
- ¡Muy poco! -
La casa deja escapar un quejido,
el astro rey me mira de frente con ternura,
atravesando patios, ventanas y jardines.

El soliloquio de la jardinera
se despide llevándote a rastras.
La vejez nos vence,
como la noche y el cansancio al caer la tarde.
Basta dejarse sobre la almohada
sintiendo que el día se convirtió en nube ...
- ¡Ya se fue! -

+ En venta

Se compra
se vende
se alquila
se traspasa
se destruye
el dulce y amargo de esta vida.
¡Agotadas las entradas,
señores!
Las sonrisas y las ganas,
se alejan las esperanzas,
huyen de entre las manos
como ríos desbocados
que enceguecidos,
corren velozmente
buscando otro horizonte.
Buscando juntarse con el mar de lo posible.
¡Esperanzas!
Imposible detenerlas.
Hoy se deslizan.
Se escapan.
Se alejan.
Es un adiós para siempre.
La tabla es hoy de quien dicta la clase:
insensibilizar,
anestesiar,
entumecer,
asegurar la comodidad.

Sujetar esa sonrisa que se cae,
que no es sincera.
Recibir con honores
a la alegría coqueta, jubilosa y siempre esquiva,
que llega a veces
por ratitos,
para vivir
sin vivir.

+ Prisa

Fui olvidándolo todo
por esta prisa
que no es vivir.
Olvidándome los días,
viviéndolos sólo por estar ahí.
Por esta prisa
que no es vivir.
En silencio, viendo como el calendario
devora las horas.
Aguardando la noche para
esperarla de nuevo,
esta prisa que espanta,
que no es vivir.
Páginas en blanco,
momentos robados,
espaldas desnudas.
¡Perversa prisa
no es vivir!
Contemplo cuadernos a través de viejos cerrojos
olvidados en algún desván.
Estaciones
de renuncias y silencios
fue mi vida.
Veloz tren solitario a toda marcha.
✳

+ Condición: humano

¿Cómo viene al mundo la condición humana?
La totalidad de las partes no siempre hacen el uno,
revelación de las formas.
Ser y de ser ahí.
Respeto, rebeldía.
Antítesis perfecta.
Crónico desvelo,
cómica ironía.
Emboscada
a ciegos visionarios.
Brisa, lluvia, fuego, cenizas.
Plegarias
al caído.
Honor al mérito.
Olvidado para siempre.

+ Ser

Este pedacito de ser que soy yo.
Un puntito en el universo,
un garabato, un borrador.
Hoy quiere ser una estrella vagando por el espacio.
El astro rey brillando en lo alto.
El cielo lloviendo a cántaros.
La luna en gajos.
La manta para una noche de frío inclemente.
Un atardecer.
Una tormenta.
Relámpagos y truenos.
Hoy quiere ser simplemente
¡Este pedacito de ser
que soy yo!

+ Distantes

No al dominio de lo cósico.
Regresemos a la esencia del Ser,
del ser humano.
Rechacemos la adoración a las cosas,
nos destruyen,
alejan nuestro centro.
Distantes unos de otros,
cual jauría hambrienta.
Siempre insatisfecha la manada
asfixia nuestra esencia.
Regresemos
aún
no es tarde.
No al dominio de lo cósico.
Como último recurso y buscando un remanso donde
descargar
todo lo que sentía,
llegue aquí ...

+ Descuento

Buscándole a la vida dadivosa
un medio tiempo y con descuento.

+ Diálogo imposible

El teléfono timbra.
¿Estoy? ¿No estoy?
¿Un diálogo
de días muertos?
¿Caminos ignorados?
Un ser que espera lo que no llega.
¿Siempre?
¿Cuando?
Vuelve a sonar.
Mirándolo de lejos.
Pienso
¿Contesto en voz alta desde mi rincón?
¡Diálogo imposible!
Mejor así.

+ Mapa De Mi Infancia

Tiempo de mi infancia.
Caudal de sueños,
de cábalas sin fin.
Ríos y mares desbordados.
Noches estrelladas.
Corriendo a hurtadillas entre las bancas de un
parque.
Infancia,
belleza pasajera.
Imágenes gastadas
que el tiempo me dejó.
Hoy...
Como a los dedos de mi mano la contemplo
fijamente,
desde esta orilla.
El mapa que dejaste
no me gusta,
me rebela.
Buscándote me dejaste.
Siempre me tenías
hurgando y curioseando
por todos los rincones.
Dejándome
este mapa inverosímil

Infancia.
Quería más de ti,
Tú lo sabes.
Sentirte hasta mis huesos.
Ofrecerte mi mapa.
Que fueras sólo tú,
que hasta por debajo de las piedras me buscarás.
Entonces te diría
lo que yo quería:
un abrazo por cada olvido.
un beso.
por cada lágrima.
¡Fuera así la infancia mía!

+ Hora de partir

Llegó la hora de partir...
Recoge los jarrones,
los cuartos de colores,
los días de fiesta,
el verde campo,
el azul del cielo,
la belleza del lago,
la cantuta roja que tanto amas,
tu inocencia envuelta en pañuelo rosa,
tus manos llenas de candor,
las caracolas de tus sueños,
el beso y el amor envuelto en pecas.
Esconde tus deseos.
Extingue tu voz de ruiseñor.
Tus cánticos de alegría, tus susurros de emoción.
Tus quejas.
Esa realidad irresistible
Abrázalo fuerte.
Seca tus lágrimas.
¡Corazón!
Volverás por él.
No sabes cuando.
Ocúltalo
¡Que no lo vean!

✳

+ Gente

Posadas sencillas.
Gente humilde.
Barrios de polvo y soledad.
Vida.
Multitudes que gritan en silencio,
los escucho:
- ¿Dónde? -
- ¿Cómo? -
- ¿Por qué? -
Ansias de vivir,
mujeres que buscan sin cesar,
hombres vociferando razones,
niños llorando de hambre y sin consuelo
Solo ese polvo, ese silencio, ese extravío.
Tristeza, gran farol nocturno,
iluminando su desesperanza.
Lamento,
pobreza,
vida miserable y desigual.
Gélida indiferencia del que domina
a los que habitan en un rincón oscuro,
clamando contra el destino,
peleando en las tabernas,
gastando, al torcer la esquina, juventud y vida.

El hambre se deja sentir,
arañando las aceras y las mesas.
A lo lejos los escucho,
ya se acercan:
es mi pueblo.
Abro mi ventana de par en par,
ahí viene la procesión.
Avanzan
invadiendo calles y avenidas,
miran hacia mi ventana,
ojos de fuego me traspasan.
Despierto,
alguien ruge aquí dentro,
salto, soy una de ellos.
Vamos caminando,
gritando y golpeando en ventanas cerradas.
¿Quién está en esa ventana?
¿Quién vive?

+ Materialismo

Nada que contar.
Vengo de donde tú me dices que me falta.
Yo soy del pueblo del que me excluyes.
La pobreza es maestra. - ¿Sabes? -
Sus lecciones
se te engranan en el alma:
Templanza.
Paciencia.
Visión.
Pedazo de pan, zapatos con-suela de cartón,
ropa de todos tus días.
Hoy tengo algo:
Vivencias
Tarjetas que solucionan el todo
y sin embargo,
es nada comparado a mi pasado.
Ansiosa ardo por caminar esas calles llenas de polvo y
desesperanza,
de sentarme a tomar una taza de café cocido a fuego
lento,
de sentir el frío entre los cartones podridos,
de jugar con niños descalzos.

No lo olvido,
de ahí vengo,
del pueblo,
de calles enajenadas,
de trafico imposible,
de miradas inocentes perdiéndose en la noche,
de gente marginada
sin derechos,
de discriminaciones, de desapego.
Lugar.
Sólo importa lo que soy y siento.
Usted me excluye
por soberbia y por revancha.
Aquí me ve.
Juzgándome desde el tribunal de odios antiguos.
Su desesperanza falsa no me alcanza,
el martillar de su veredicto no me afecta.
Usted que busca hechos, factores, pruebas.
Materialismo.
Aliste a sus testigos
que empiece el juicio
en cada acera, en cada esquina, en cada calle...
Mi sudor le canta.
Soy el pueblo.
Manantial fresco
que golpea rocas y alisa piedras.

+ Paz

Te observo hermosa ave, ayer tu plumaje vistoso,
entre dos
fuegos, estrenabas.
Hoy malherida, lloras en todos los rincones del
planeta.
Estas desnuda, te desangras lentamente,
no existe cura para tu agonía,
aún si revivieras, nada en ti sería igual.
Te marchas,
me dices que aquí no existe la palabra futuro.
Me siento a tu lado, escucho tus lamentos,
tus excusas,
y se desdobla mi ser en mil preguntas.
- ¿Te alejas? -
Mira a tu alrededor,
no hay nada sin tu presencia,
tan solo una noche eterna, impía y burlona.
- ¿ Te rindes? -
Vamos despacio, bebe mi calma,
no fenezcas, no te agotes.
¡Esperanza!
Caliento mis manos
en los bolsillos agujereados de mi existencia,
ahí donde se esconden mis sentimientos,
que al verte rompieron la represa.
Ahora fluyen, se deslizan
por las telas raídas de mil insomnios.

- ¡Tócame! -
Te piden en silencio.
Déjanos algo de ti ...
- ¡No te vayas! -
Te necesitan los campos, los niños, las risas,
las innumerables treguas soportando este insufrible
vivir,
la fealdad, la sordera, el llanto, el dolor.
- ¡No te vayas! -
Déjanos la ilusión de saberte cierta, cercana, viva y
eterna.
Si te vas, hazlo a escondidas, sin que nadie lo sepa…
No te dejaremos abandonar este barco de papel.
Busco en mis bolsillos las cartas que te he escrito,
te las leo con la esperanza que reconozcas en mí, a
todos los hombres,
que encuentres una muchedumbre esperando por ti.
Aprieto el lápiz obsesionada,
perdóname por regalarte el anónimo,
por hablar de ti, de tu belleza,
por prometer que estarías para ellos.
¡Qué puedo hacer!
Por favor dime.
¿Qué puedo hacer?
Cuando las olas son negras, a quien se acude si no es
a ti.
No te hagas la ciega,
la sorda.
¡Sólo excusas para alejarte!
Esta nota es la última que te he escrito,
no volveré a buscarte digo, pero sabes que te miento.
Te perseguiré a donde vayas.

- ¡Te arrancare del averno si es preciso! -
A rastras te traeré, te regalaré a los anónimos,
a las esperanzas rotas, a los corazones destrozados,
en el vaivén de aguas sucias.
Quédate, te lo ordeno
te lo grito.
¡No te puedes ir!
¡No te escapes!
¡No temas!
¡Quédate!
Abe Tu.
Ave que navegas todos los cielos,
cúbrenos con tu alas majestuosas,
haz tu nido, aquí.
Aquí, en el pecho de todos los hombres
en la médula de las conciencias.
No te vayas,
no claudiques,
no rompas las cartas.
Estaré ahí para sostenerte,
te lo prometo.
En cada agonía
para regresarte de cada muerte
si es preciso.
Para cantarte.
Para besarte.
Para abrazarte
con cada célula de mi humanidad...

Abe Tu.

+ El enemigo

Matar es la consigna
en nombre de un credo falso, cargado de dinero.
Corazones de hierro cazan tiernos venadillos.
Pidiendo bendiciones a su Dios,
adorando su tótem.
Dicen:
- Es el enemigo -.
- ¡Almas condenadas!
Miren bien a su enemigo,
apunten bien a esas manos diminutas, a esas cabezas
benditas;
cercénenles el cuello; arrastren sus cabelleras;
hundan el fusil hondo, que brote el
manantial de sus corazones.
Acallen sus voces, acaben con sus risas,
muelan sus dientes de perlas, aplasten su existencia
toda,
que no quede uno solo.
- ¡Encuéntrenlos! -
- ¡Qué no se escondan! -
- ¡Engáñenlos! -
Pensaran que es un juego y contaran hasta 10.
Sin rogar,
dejar besos llenos de ternura.
Son peligrosos, abrazan, acarician, aniquilan con la
mirada,
sus vidas deben estallar un universo de sangre y
fuego.

- ¡Acábenlos! -
No miren a sus ojos, son espejos,
son cantos de sirena, los harán flaquear,
ríen y el cielo se estremece.
- ¡No les den tiempo a llorar! -
Desataran maldiciones de los úteros que los
cosecharon.
Sus súplicas gimen dolor al principio de la vida, al fin
de
los tiempos
¿Homo sapiens?
- ¡No se detengan! -
Bailen victoriosos sobre sus cuerpos,
jadeando ego, luzcan sus risas purulentas,
demuestren su fuerza,
que han vencido al enemigo.
Canten:
- ¡Victoria. Victoria! -
Que valor, que destreza…
- !Vamos, vociferen su rudeza! -
¡Homo sapiens!
¡Cobardes!
La violencia debe terminar.
Pidan perdón.
Cuando terminen la tarea,
tomen asiento sobre la roca de sus conciencias.
escondan los huesos desnudos.

Llegó la hora.
Arrástrense esqueletos, entierren falsas medallas al
valor,
rasquen con ellas la tierra.
¡Héroes de barro!
Caven su propia fosa
y contémplense
vertiendo lagrimas eternas
sobre la infancia asesinada...
¡Héroes de barro!

Somos un pincel.

Giramos
volteamos
un pincel boca arriba
un pincel boca abajo
caminando
respirando
trazando
soplando la vida
suavecito.

+

Sol de verano
la mariposa bebe
tu dulce néctar.

+

Día soleado
las abejas
las flores
la alegría
cada día al atardecer
el puerto se estremece
el mar contento queda
de que el sol se despida
cariñoso.

+
Frío
nieve
lluvia
ausencia
caminando por el parque
respiraban soledad
los árboles.

Segunda parte:

En corto...

++

Se quiebra.
Algo se quiebra,
dentro tuyo,
tu corazón que llora
y ni caso le haces.

++ Caracolitos

Los caracolitos se encorvan, reptan. Arrastrándose van comiendo diminutas hojitas bañadas de tierra. Siguen la ruta de sus destinos, salpicando de baba todos los caminos. Patinan, se mecen, luego regresan a la casa de siempre, la que cargan sobre los hombros.

++ Pata Chica

Ellos jugaban con las piedritas del camino.
Piecitos desnudos.
Caminantes.

La foto que tengo ████████████ me recuerda una simple verdad ██ ██ asunto de servicio. Si ████████████████████████ ██ ██ ██ ██

██ ██████████. Quizás nosotros ████████████ debamos ██ ██████reconocer que, ████████████ hemos podido ver tan lejos ███ porque nos hemos parado en los hombros de quienes han preparado el camino para nosotros.

████████████████████████████████ claramente ████ ██ existen esperanzas ████████ en el mundo y ███ puedo ██████ ████████████████impartir un sentido ████████████ positivo.

Veo ███la foto que tengo ████████████████████████ ████████████████████████ y ███████████████ *Me pregunto: ¿De qué manera he contribuido hoy al cambio?*

++ Dulce enojo

¿Que dulces tan ricos hacía ella no?

Sobre todo cuando estaba con el humor en blanco y negro. Eso los asustaba y también los confundía. Se preguntaban cómo era posible decir tantas malas palabras y hacer algo tan delicioso estando enojada. No, no lo comprendían y eso era motivo de múltiples charlas y conjeturas durante noches insomnes. Que rica que estaba la natilla y el arroz con leche, la mazamorra lo mejor de su repertorio, aunque los alfajores también sabían muy buenos.

- Pero, ¿Por qué crees que está enojada? -

Preguntaba la niña apurando con temor la cucharada de flan.

- Y yo qué se. -

Contestaba el niño mientras se relamía los dedos. -

¿Está dulce no?

++ Peluka

Peluka estuvo de mantel largo. Hace poco le dijo adiós a sus días de estudiante elemental, con una fiesta de cierre de año escolar, que marco el fin de su juguetona niñez, para dar paso a la burbujeante y siempre inquieta adolescencia. La niñez es distraída y ella todavía recordando aquellos días que se resistían a dejarla, llegó a la casa con una historia fermentada, con la novedad de que era parte del corzo de fin de año, faltando tres días para el mismo.

Con la respuesta de que no se podía le salió al frente la madre, a no ser que usase el vestido del reinado anterior, aquel que lució el invierno pasado, pero con las dudas de que pudiera caber de alguna manera, ya que había dado un estirón repentino por lo cual, en el colegio la molestaban llamándola Oliva.

Peluka no titubeó, corrió al cuarto de los recuerdos, revolvió todos los momentos idos hasta encontrar el lugar. Sacó del baúl aquel su vestidito viejo y lo puso en estreno.

El día del desfile, a Peluka no le importó que el tul puesto por su madre no hubiera podido ocultar lo corto que le quedaba el vestido, ni que los zapatitos mostraran el color rojo original por debajo de la pomada blanca impuesta por la brocha. Recibió su cetro y se paseó en el corso junto a su baúl, su vestidito de tul, sus zapatos rojo y blanco. Deshaciéndose en sonrisas… Ella estaba radiante, fue la más reina de las bellas.

A María del Pilar

++ Bancarrota

La herencia se alejó cantando, entre baratijas de pelo y medio, misas, donaciones, deberes ajenos, peleas de gallos desnutridos y juegos de lotería. Para cuando se dio cuenta no tenía nada, ni techo donde pernoctar. Ya no eran suyos ni la camisa que traía puesta y se preguntó si todo no habría sido un sueño.

++ Sumario

Haciendo un resumen, es obvio, cuadriculado, esperado, medido, las obras, los afectos, la fama, el dinero, poder. - Suspiró.

- ¿Qué pasa? -

Le preguntó ella mirándola miópemente.

- Estoy pensando que para los días que comentas tan alegre, yo no existo. Como consuelo, resucito por la noche, me levanto y sostengo mi existencia dándole vuelta al reloj.

- ¡La vida! -

++ Viajeros

Andaban de pueblo en pueblo, jugando brutalmente por el camino. Desesperados. Remando contra hojas y troncos. Ocultando sus secretos. Furiosos. Llevándose puertas ventanas, ciudades enteras. Cuando por fin llegaron a su destino, quedaba nadie.

++ Angustia

La pobreza la abrumaba. La observaba dormitar a sobresaltos., despertar gritando, con mayor fuerza.

++ Certeza

- La muerte. -
- Pues. ¿Dónde y cuándo? -
- Vaya uno a saber, al final en cualquier parte
 y a cualquier hora. -

++ Circo

- Muchas gracias distinguido público por invitarme a esta fiestita. -

Decía mientras las caritas asombradas la veían dar piruetas.

- Un chocolatín y una flor por aplaudir tanto. - Decía ella.

La payasita los llevaba a un fantástico universo de magia e ilusión.

Ella al igual que ellos estaba enfermita. Como era la mayor, prefería ignorar el diagnóstico recurriendo al amor como elixir curativo, hasta el día que se alejó sonriendo y se convirtió en viento...

++ Imaginando

Flotando en un mundo de algas marinas y corales purpura iridiscente, los peces se movían de manera ondulante entre los arrecifes. Los delfines jugaban a las escondidas con los tiburones, entre medusas que abrían y cerraban sus esporas como una sonrisa...

++ De vuelta

De repente se encontró caminando por esas calles empedradas que recordaba muy bien, la ciudad a la que tantas veces pensó volver, haciendo uno y mil planes inverosímiles para postergarlos con tantas excusas, que ella misma se dio a lo largo de todas sus estaciones.

Asustada, siempre evitando el paso final. No cabía la menor duda. Estaba de vuelta.

Tropezó.

++ La puna

Huele a madera cociendo café y a pan de semita.

- ¡Ay! Yo aquí de frío - mencionó ella sentándose en el banquito.

La helada va metiéndose ladina por entre los adobes mal cubiertos, por los cartones podridos.

- Extiende un poco de paja, imposible evitarlo. Así es la puna, el frío te cala hasta los huesos. -

Le dijeron.

- Debe de ser cierto, tengo congeladas las ideas. - Respondió ella.

- Bebe tu café. Pronto estarán tibias - contestó una voz desde la entrada...

Ella bebió el frío.

++ Te llama

Si te callas, si sólo guardas silencio; si escuchas.
Su "stoma" tiene algo que decirte:
Ayúdame...

++ Voz

En ese caserón, oloroso a eucalipto, la voz resonó en los rincones más profundos.

Nadie fue indiferente a esa voz moribunda, infinitamente rica y poderosa.

++ Incomprendida

Yo la abrazo y le digo que está bien, que no importa; pero ella no comprende, llora con más ganas sin parar, estrujando su pañuelo azul.

- Son mis culpas - me dice - gente mala -

De repente voltea sus recuerdos y los coloca con temor sobre la mesa.

Con gran estruendo como un relámpago cae de un plomazo todo su pasado y me asomo esperanzada.

Triste es ver que es cierto, tiene nada en la baraja, ni siquiera la ilusión de un as bajo la manga, un recuerdo grato, una alegría.

Yo la abrazo y le digo que todo está bien, pero ella al ver mi rostro anochecido, llora con más ganas sin parar.

++ Aguacero

- El aguacero cayó de repente. Diluvio. Lo inundaba todo: los cuartos, la sala, el patio grande.

Se preguntó cuándo dejaría de llorar de esa manera.

- Pobre mujer - pensó.

Llovió toda la noche…

++ Azúcar

Era una vieja ácida y díscola como pocas.
Observaba el mundo de una manera aviesa.
Por dentro, sin embargo su corazón era una melcocha. Pan de azúcar.

++ Hipocresía

Yo las observaba. Esos ojos magnificados por aquellos grandes espejuelos sólo dejaban ver un espíritu triste y atormentado.

- ¿Dices que es la tercera vez que compras un auto y te sale descompuesto? -

Le preguntó su "amiga" con fingido tono amistoso y mirada furtiva.

- Si. A mí me dijeron que el carro venía ya con ese desperfecto - le dijo ella.

- Deberías dejar ya de comprar, está visto que no eres capaz- replicó la vieja, mordiéndose los labios, volteando el rostro, y tratando de ocultar la sonrisa.

Luego, se recompuso rápidamente y repuso:
- Digo que no tienes suerte para comprar autos y es la tercera vez... -

Ella, como si no comprendiera lo que su amiga le dijo, la miró con incredulidad, sus grandes ojos se empaparon y antes de dejar el cuarto respondió:

- Compraré otro mañana, con el dinero que me debes.-

++ Ella I: a su manera

Ella me amaba, a su manera, pero me amaba. Hace exactamente tres meses tuvimos una fuerte discusión. Estábamos ambos en mi cuarto con una amiga. Ella peleando me gritó:

- Le voy a decir a mi hermana que ya no te de trabajo para que te largues de aquí -

Yo no supe que hacer ni que decir. La amiga era del bando contrario y tuve temor. Al día siguiente le conté a su hermana y fue peor. Me terminó con cualquier pretexto, pero no me voy a hacer el tonto. Eso lo veía venir desde hace mucho, con una angustia terrible trepando por mis huesos, subiendo como escalofrío hacia mi espinazo -dijo el hombre diminuto, mientras caminaba despacito mirando furtivamente a todos lados, arrastrando las palabras y los pies.

Cuando terminó con su historia ya había anochecido...

++ El I Sin valor

Érase una vez un hombre de sentimientos gaseosos y emociones planas.

++ Dandy

- ¡Ese hombre no tiene puerto! - gritaron las mujeres al otro lado de la barra, al verlos bailar.
- ¡Envidiosas, él me quiere! - gritaba la china abrazándose más a su esperanza.
La cortada la miraba desde el rincón.
- Pobre china, si supieras que así se la abraza a la negra - pensó.
El Dandy sonriendo seguía bailando...

++ Lágrimas

Desde que llegó nunca la había visto llorar. Sus lágrimas inundaron sus enormes espejuelos convirtiéndose en peces que saltaron sobre el escritorio.

- Está molesto conmigo - me dijo.

Piensa que lo tratamos de timar, anda revisando todo: las llaves, el reporte, las medicinas.

Buscándose a si mismo.

++ Ella II Desordenado

- Ella no le robaba al pueblo. Ella quería irse a vivir conmigo, pero yo no tenía nada que darle. Ahora cuando pelea conmigo, yo no tengo a donde ir. Me dice que largue a la otra, que la desprecie, por qué me dejo chequear tanto. A veces me dan ganas de irme, de desaparecer de este mundo. Yo pensé que encontré algo verdadero, pensé que eso era el amor. En cambio sólo tengo una guerra de palabras desatada por su desconfianza. Está loca y su vida es un pandemónium. Ando todo alterado. Este amor desordenado que no sirve. Ella y yo perdedores, ambos mintiendo. No es amor, un error, una porquería. -

Musitó el pordiosero tristemente.

Contempló a este Diógenes sin barril, envuelto en una colcha blanca, que parecía una mortaja.

- Diógenes sin barril, no quiere echarse en una cama a descansar por unas horas de ella, soltarla - le preguntó.

Él observando la botella de licor a su lado, le contestó:

- No, no quiero -

++ El II Amor malgastado

- Del 1 al 10 te quiero un 7 - dijo él.

Ella lo quedó mirando y recibió triste la noticia, preguntándose su lugar en el cuadro de honor. Había invertido en vano y ya no le quedaba un abrazo.

++ Ella 3 excusas

Ella estaba buscando un pretexto, estaba fingiendo, era más fácil decir que se sentía sola y triste para engañar a la audiencia.

- Me duele la cabeza, - decía... - Estoy triste y me duele, hoy no por favor... -

La cortada escuchó lo que ella decía y exclamó:

- Es una niña malcriada, esas son ganas de llamar la atención. Eso es lo que ella tiene. ¿Qué podemos decir de la actitud de ella? -

El Dandy se acercó a la muchacha y le habló despacio al oído...

- Pero qué puedo decir - le susurro ella.

- Otra más de tus excusas - dijo él.

++ El III Porque amarla

- ¿Por qué? Es que con ella me siento muy bien... -
- Es alguien que me ama más allá del amor, más allá de la razón, más allá del sexo... -
- Es alguien que me transporta a lugares imaginarios, siempre me regala una sonrisa y me hace reir por más adverso que sea el momento ... -
- Con ella me siento de maravilla ... -
- En el edén ... -
- En el paraíso y es con ella que quiero seguir aunque lo suyo sea vivir en un infierno. -
Mirándola, siguió bebiendo de la botella.

++ Apariencias

Ellos conversaban y cada uno trataba de demostrar que era más que el otro.
- Yo tengo un trabajo maravilloso, con regalías, viajes y buena paga. -
- Pues yo soy socio de una empresa millonaria con posibilidades de expansión mundial. -
Presumió el otro.
Y tú que tienes, preguntaron mirándome curiosos.
- Yo tengo vida. - contesté.

++ Reflejos

Gritaban cosas. Decían que mi rostro era de mármol, y mi corazón un tronco seco y mustio.

¿Qué saben ellos? Por dentro un tigre suspira, los mira contrito y con desgano, sin aviso me lanza un zarpazo profundo y ruge. Doy un alarido en silencio.

Mis ojos gritan. El tigre sonríe saboreando mis heridas. Luego, da la media vuelta y me pide que lo deje dormir.

Lo observo esconderse de nuevo agradecida.

Fue un día en que me atreví a entrar. Al ver que el tigre dormía. Me miré por primera vez desnuda y sincera frente al espejo.

- Ahora te veo. Te he buscado dando vueltas sin encontrarte. Tratando de acordarme de ti y siempre estuviste aquí - dije.

- Finalmente eres tú - me dijo ella al otro lado del espejo, reconociéndome.

(De ... Piezas de un corazón roto).

++ Mujer tigre

La mujer tigre, ni ella misma se imaginaba como pudo haberse dado tal transformación. Se levantó de la cama y salió a estirar toda su existencia, contemplando la noche llena de estrellas inmersa en un universo inquietante.

De repente, todos los que ella había conocido, eran animales luchando por un lugar y un poco de comida.

La mujer tigre sonrió.

No estaba sola.

++ Una burbuja

Las tardes se desvanecían entre juegos, castañas y moras. Absortos en nuestro mundo, el bullicio de la calle nos era ajeno. No nos importaba que el orden de las cosas, gobernado tan singularmente por los mayores, con sus mandamientos y deberes, nos prohibiera deambular por sus calles.

Al principio, no fue fácil ese aislamiento, pero sucumbimos de buena gana, juntos nos sentíamos completos, el cuerpo unido a todas sus partes.

++ En defensa propia

Una mañana el corazón decidió abandonar el cuerpo que habitaba. No pudo. Sentir lo había hecho crecer tanto, que le era imposible dar un paso, sin tropezar con las paredes que sostenían su existencia.

Decidió entonces protegerse.

++ El IV: adiós

Él regresó a buscar lo que un día dejó en el pueblo hacía mucho tiempo atrás. De repente se encontró de nuevo en el antiguo caserón. La llamó a gritos, lo revolvió todo buscándola, hasta que por fin encontró una nota vieja que decía.

- Para cuando vuelvas:

"Me marcho hoy y no regreso."

¿Motivo? Amor malgastado.

++ Infarto

- ¡!Renuncia!! - le gritaban.
Él decía: - Dueleeeeeeeeeeeeeeeee -
- Vamos siempre renuncias a todo hazlo.
Sé ¡¡Valiente!! - le volvían a insistir.
- Me duele mucho, mucho - lloraba agitado el corazón...

El Corazón entonces dejó que sus arterias y venas se enlazaran unas a otras equivocando los caminos, desplazándose erróneas,   tratando de mitigar su penar.

Sin embargo, todo fue inútil. Pronto se dio cuenta que el sentimiento tenaz, se enraizaba sobre las cicatrices abriendo de nuevo viejas heridas.

Un día, no pudo más y dijo:
- Por favor, necesito un doctor. -
Fue tarde, había muerto.
- Pobrecito, sufrió tanto -

++ Lectura comprensiva

Ellos leían. Leían sin descanso. En esos días de guerra era lo único que podían hacer. Al otro lado de la acera los mayores rezaban y se levantaban de entre los escombros.

La tienda de novedades repleta de libros permanecía intacta, era ahí donde todavía se escribía la palabra esperanza.

++ Juegos

Sentados sobre la casa derruida por las bombas, en medio del caos, los niños se miraban tristes y aburridos. De repente ellas preguntaron:

- ¿Y ahora a qué jugamos? -
- A las escondidas - les contestó el niño.

Ellas sonrieron.
Eso era lo que hacían todo el tiempo.

++ Viaje

La niña armada de un palito y de un barquito de papel, con una sonrisa, surcó los mares de las vivencias diarias.

Tercera Parte:

una historia enmascarada.

Conciencia

- ¿Qué me dices? -
Yo me daba cuenta,
en la infancia todos nos damos cuenta
casi todo el tiempo
cuando nos rompen algo,
el corazón por ejemplo.

Patricia Linares

A. La infancia

+++ Duendes

Ellos tenían una nana a la que llamaban Julia. Una morena menuda y hermosa ya entrada en sus sesentas, siempre traía su ropa de trabajo y se la colocaba cuando se disponía a empezar con su jornada. Julia era muy hacendosa, los cuidaba y limpiaba la casa con mucho esmero, pero ella traía a un duendecillo que se le descolgaba del delantal sin que ella se diera cuenta y se apoderaba de la mesa siempre a la hora del almuerzo. Éste duendecillo era malvado, les servía el almuerzo y la merienda en unos platos enormes, como para adultos. Era una tortura diaria. El duende se esmeraba en que los alimentos casi rebasaran el plato, los amenazaba con irse si no terminaban toda la comida y los tenía llorándole agarrados a su delantal rogándole que no se fuera, porque siempre que los pequeños se negaban a comer el corría a la cocina, se quitaba su mandil, se ponía su ropa, alisaba su cabello donde hubieran podido hacer un nido las aves del jardín y colocándose el sombrerito abría la puerta, ahí ellos corrían desesperados a sujetarlo y asustados casi temblando se sentaban a la mesa y todo empezaba otra vez. Un día el niño vomitó porque ya no podía comer más, ya no entraba más... Cuando la niña vio esto, se negó a comer y con una voz que jamás el duende escuchó le dijo:

- Vete no nos importa ya, igual no nos quieres -

Mirando decidida al plato de sopa inmenso como un lago que tenía frente a ella, gritó:

- Nana Julia no vez que el duende no nos quiere, nos odia nana Julia. ¡Ayúdanos! -

Cuando la nana Julia escuchó la voz de la niña y supo lo que el duende malvado les había estado haciendo, de cómo había estado usando su ropa e imitado su voz para lastimar a sus niños, corrió detrás de él hasta que lo arrinconó en una esquina, pero el duende era mañoso y burlándose de ella se le escabullo por entre las piernas; entonces los niños observaron con asombro como nana Julia corrió a la cocina y cogiendo el trinche agarró al duende por la cola en un descuido, lo ensartó de uno solo y lo asó en la estufa. Desde ese día la nana Julia los cuidaba y la hora del almuerzo fue la más linda de todas. Los niños siempre recordaban a nana Julia aún después que ella dejó de trabajar para la casa porque tuvieron que irse a vivir a otra ciudad.

Un día de vacaciones ya más grandecitos, le pidieron a mamá que los llevara a verla. Mamá accedió. Nana Julia los recibió con un grito de alegría y muchas lágrimas; les invitó un postrecito que había preparado y se sintieron felices. Al marcharse le prometieron que serían obedientes y buenos con mamá y a cambió ellos le dijeron que nunca la olvidarían, nana Julia lloró; ya estaba más viejita y no podía trabajar, la niña escuchó durante la visita que nana Julia le contaba a mamá cosas y sollozaba; vio a mamá abrazar a nana Julia y darle algo en la mano.

Por la noche en la camita la niña recordaba la visita mientras conversaba con su hermanito.

La casa de nana Julia era muy humilde; mamá por el camino de regreso a casa les contó que nana Julia había tenido varios hijos y cuando joven por su pobreza a uno de ellos la tisis se lo había llevado, que hubieron muchos días en que no tuvo algo que darle de comer a sus hijitos, a pesar de que ella siempre trabajó mucho el dinero no alcanzaba para llenar tantos estómagos vacíos. Ahí, ellos comprendieron tantas cosas ... y hasta sintieron pena por el duende malvado.

- Quizás se volvió así de dolor, de hambre - dijo el hermanito.

- Si debe de haber sido así pero se aprovechaba de nana Julia y no era bueno -

Respondió la niña. Pensando en la visita a nana Julia y recordando sus palabras ellos se durmieron...

- Acuérdense siempre de su negrita Julia, no me olvides mi diablita y tu mi angelito cuídate -

Esa noche y muchas más soñaron con ella... A lo largo de su infancia siempre hubo una anécdota o dos que los llevaba a recordar a su nana, sobre todo por haberlos defendido del cruel duende amargado y haberlo vencido tan valientemente.

+++ Tacitas de te

Las niñas jugaban, las muñecas tomaban tecito y se probaban los mejores vestiditos; en la cocinita el pastel de fresas ya se estaba preparando. De repente el papa de una de las niñas aparece y dice:

- ¿Qué linda niña, tu amiguita hijita? - mirando a la invitada, quien sonríe.

- Si - dice la hija mientras mira de manera extraña a su amiguita.

- Bueno - dice el papá - dile a tu mamá que estaré descansando -

- Si, papá - dice la niña.

Cuando las dos se vuelven a quedar solas, la anfitriona le dice a su invitada:

- Ya me cansé de jugar a las muñecas, juguemos a otra cosa... -

- ¿A qué? - le pregunta la amiguita mirándola contenta.

- Quiero que te pares en la escalera y que cuentes hasta 10 y yo me escondo -

- Está bien - dijo la niña de los cabellos ensortijados.

- ¿Aquí? - pregunta, señalando la escalera de caracol.

- Si, ahí, ahí párate -

- Está bien - dijo la pequeña y comenzó a contar.

1, 2, 3... contaba.

No pudo seguir contando. Sintió un violento empujón por detrás y una voz infantil que decía:

- "Toma esto, por querer robar a mi papá" -

La caída al jardín del segundo piso, el golpe y todo se puso negro de repente. Cuando volvió en sí, su mirada se encontró con el cielo inmenso, azul. Le dolía mucho la cabeza. Todo parecía girar a su alrededor.

- Estoy en el cielo se dijo, junto a San Pedro; en el cielo y ya morí -

La confusión de no ubicarse y el recuerdo de haber sentido a su cabeza sonar como las nueces que ella aplastaba para comer su fruto, la lleno de temor. Echada boca arriba pensando y preguntándose en la orilla de sus 6 años si el cielo tendría algo de la tierra también y si efectivamente ya estaba en el cielo soñando con la tierra.

Cerró los ojos y recordó, quiso negar lo que había ocurrido y forzó a su cabeza a imaginar que estaba de nuevo jugando con su amiguita, que el papá de la niña nunca había llegado, que no le había dicho nada, que habían vestido a las muñecas y habían comido el pastel de fresas. Su ensoñación fue interrumpida por unos ladridos, abrió los ojos y vio junto a ella un par de ojos enormes y un hocico puntiagudo que la olía, y le ladraba.

Era el perrito pekinés de la vecina que comenzó a lamerle cara, a llorar y a ladrarle animándola a levantarse, finalmente como pudo se paró, saliendo de la casa del primer piso cojeando y adolorida. Esa noche, luego del tremendo escándalo y los reclamos de sus mayores a los padres de su amiguita, que dijeron no haber visto nada y que su hija les dijo que la amiguita se había ido a su casa hacía rato. Ya no le importó el empujón desde la escalera de caracol, la caída o el chichón en su cabeza, sino el dolor de haber perdido hasta hacia unas horas a su mejor amiga.

Acostadita en su cama lagrimeaba solita sin poder comprender sintiéndose culpable por el rencor incomprensible de su amiga y el rompimiento de su amistad, para mitigar su confusión y su pena tejió con sus manitas una máscara invisible y se la puso...

(De: Mascaritas) ...

+++ La letra con sangre no entra...

Pero, ¿qué podía hacer ella? Sólo dejarse llevar por la furia y el enojo para que se sintieran vencedoras; después de todo ellas eran varias y ella solamente se tenía a ella misma y sin embargo... ofreció resistencia. En ese colegio de monjas, los mandamientos se arrastraron por el piso alrededor de la glorieta, la oraciones para la caridad fueron jaladas de los cabellos y el pan nuestro de cada día abofeteado, la imagen de la virgen miraba indolente y en su sitio lo que ocurría, sin hacer nada; finalmente la dejaron por cansancio o quizás porque al ir recobrando la conciencia se dieron cuenta que eran 4 de sexto grado contra una enana que recién estrenaba el tercero

- Pensar que todo comenzó con un pellizco en el salón de clase -

Ella miraba a la profesora y repetía junto al salón la lección cuando escuchó a su hermanito llorar despacito. Dos años menor que ella, sentado en la banca de atrás y de visita, - encargadito - porque su clase había terminado más tempranito y la mamá no había llegado a recogerlo todavía. Volteó y lo vio dobladito de dolor mientras una niña que ocupaba el banquito junto a él lo pellizcaba y lo hincaba con el lápiz sin descanso tapando sus risas con la mano. Acercándose a la niña, le propino un retorcijón en el brazo que la hizo gritar y le dijo:

- No vuelvas a tocar a mi hermanito -

Entonces acarició y consoló a su hermano y lo sentó junto a ella; no se imaginó que la niña le contaría a su hermana mayor y que esta la esperaría a la salida junto con otras amigas dispuestas a vengarse. Agradeció que su hermanito ya hubiera sido recogido dos horas antes pero, ¿por qué no la recogían todavía? Se quedó ahí en voz baja gimiendo y juntando fuerzas para pararse mientras se preguntaba:

- ¿Dónde estaban las monjas que no vieron nada? -

Miró sus rodillas rotas, se arregló las trenzas desordenadas con cuidado porque la cabeza le dolía. Se sentó en el banco a esperar. Esperó y esperó, los minutos se estiraron tanto que se convirtieron en una escuela totalmente desierta.

Decidió marchar a casa, el cuerpo y todo le dolía pero quizás algo había sucedido, entonces salió del colegio, sus pasitos juntaron las calles.

Quedó atrás ya el colegio Santa Ana, cruzó la plaza de armas, pasó por la iglesia donde se encontraba el niño Jesús en su urna y lo miró suspirando.

Iba tan penosa con el uniforme sucio, despeinada y las rodillas manchadas de tierra y sangre que al tocar la puerta de su casa, no pudo hacerle frente a la ansiedad, la rabia, el miedo y la cólera que, detrás de la puerta, la estaban esperando.

La lanzaron al piso en medio de golpes y gritos sin darle tiempo a explicarse. Escuchó que la fueron a buscar y no la encontraron, que se armó un escándalo en el colegio porque ella no estaba, que no debía de salir y esperar a que la recojan.

Presa de un miedo enorme, temblando y sin voz, la niña no pudo hablar. Para no asustar su hermanito, con sus manitas, hizo una máscara invisible y se la puso... (Mascaritas)...

+++ La niña – sirvienta

Ella me habló, le sonreí y nos hicimos amigas. Jugábamos todas las tardes en los meses de aquel verano de días alargados, corriendo detrás de las horas y de cielos despejados. Paseábamos nuestras bicicletas como si fueran los más gallardos corceles en el parque aquel, ubicado en una zona urbanizada de la ciudad, donde mis mayores alquilaban a la dueña del colegio en el que estudiábamos mis hermanos y yo; un departamento en la parte trasera de su casa.

No éramos los únicos, la dama tenía a la sazón tres familias como caseras y todas usábamos el portón del garaje para poder entrar y salir. Un día, mi amiga de la bicicleta roja me invitó a su casa pues según me dijo su madre quería conocerme. La pase genial, nunca había sido atendida tan bien en casa ajena. El postre, fresas con crema era para una niña de 9 años como yo una tremenda delicia.

Así entre el dulce frutado y las muchas preguntas que su mamá me hizo y que yo conteste siempre sonriendo, llegó la hora de regresar a casa. Me despidieron afectuosamente y contenta le conté a mi madre y a mis hermanitos todo lo vivido. Por supuesto que mamá se extrañó cuando le narré las preguntas pero no le dio mayor importancia y me fui a dormir soñando con las fresas con crema y en tener algún día una casa tan bonita como la de mi amiguita de la bicicleta roja. Mi bici aunque viejita era muy querida ya que fue un regalo de mi tío Hugo.

Al día siguiente pasé por la cuadra y no vi a mi amiga, así pasaron los días sin luces de ella por lo que decidí ir a preguntar a su casa. Cuando me abrieron la puerta y la llamaron me contestó fríamente que no podía salir a jugar conmigo porque su mamá se lo había prohibido. Yo un poco asustada y sorprendida le pregunté porque y me respondió que su mamá no quería que jugara con la hija de una sirvienta. Mi corazón se deshojó de repente, la miré sin comprender y por primera vez sentí que veía a una persona desde una gran distancia.

- ¿Cómo explicar que no era una sirvienta? ¿Así maltratadas, se sentirían las hijas de las que si lo eran?

Cuando llegué a casa no podía hablar del llanto, mis hermanos salieron en tropel a ajustar cuentas con quien me había lastimado, todos pequeñitos defendiendo a su hermana mayor, dieron la vuelta por el parque y ahí gritaban e insultaban, ella y su hermano nos gritaban:

- ¡Hijos de la sirvienta! ¡Hijos de la sirvienta! -

Nos retiramos y tuve una sensación agridulce de media victoria, por un lado el sentir el amor de mis hermanitos y por otro, la amistad perdida. Comprendí que no pertenecía a ese lugar, que no pertenecíamos, porque no teníamos lo que se esperaba de nosotros. El verano pronto terminaría y yo salía a dar vueltas en la bicicleta, sin rumbo y siempre pensando con tristeza en lo que esa niña me había dicho.

Un día regresando del panadero encontré a una niña que la dueña de la casa había traído de su Huancayo natal para ayudarla en los quehaceres del hogar, una niña tan pequeña como yo para cocinar, lavar, limpiar y me pregunté:

- ¿Y la escuela? La dueña tiene escuela. ¿La niña no irá a la escuela? No, no irá... -

Me cayó bien desde el principio, sonreía hasta con la mirada y aunque hablaba un poco gracioso comenzamos a hacernos amigas. Siempre por las tardes de ese verano agonizante jugábamos con palitos y piedritas del jardín, otras veces hacíamos laguitos con vasitos de agua y echábamos diversos objetos para ver cuál de ellos se hundía más rápido que el otro, en otras ocasiones nos dedicábamos a ver el paso marcial de las hormigas que no cesaban de trabajar. Cuando salíamos a comprar el pan, entonces ella me contaba como toda su familia vivía en una zona de la sierra me decía en Huancayo.

Yo pensaba:

- Pobrecita, solita en esta ciudad sin sus padres ni hermanos y trabajando todo el día, qué niña tan fuerte. -

Sentí que cada día la quería y la apreciaba más. Un día íbamos riendo con el pan en la boca acordándonos de las bromas a mis hermanos, cuando de repente alguien se cruzó en nuestro camino, era la niña de la bicicleta roja que me miraba como si me reconociera otra vez, se acercó con una sonrisa y me dijo:

- Lo siento, mi papá me dijo que estuvo mal que te dijera eso, además ya se que tu mamá no es una sirvienta y que alquilan la parte trasera de la casa.
-

- ¿Podemos ser amigas y jugar de nuevo? -

La miré, miré su ropa, ella tan bonita y luego miré a la niña que tenía a mi costado todavía con el pan en la boca, la que trabajaba desde que se levantaba hasta ya tarde en la noche, la que era una niña-sirvienta, con sus chapitas, sonriéndome con los ojos. Entonces le dije a la niña de la bicicleta roja suavemente y sin un ápice de rencor en mi corazón:

- Lo siento. Yo sólo juego con sirvientas. -

+++ El reloj

Tenían un gran deseo de ir a esa fiesta, invitarla a ella, pero:

- ¿Podía ser? -

Como pudieron se arreglaron y ya estaban sentados desde las cinco menos cuarto esperando ser llevados por mamá. Ella estaba emocionada, era su primera fiestita con amigas de la escuela y la habían invitado. No cabía de contento, al llegar todo era música y alegría, sus hermanitos aceptaban los caramelos y los metían a las bolsitas que la dueña del santo le había dado a cada niño. Comenzaron a bailar todos los niños y cantar el nombre de la cumpleañera. De pronto la mamá de una de las niñas dijo:

- Mi reloj, mi reloj se me ha perdido, alguien se ha agarrado mi reloj la última vez estuve en el baño -

Luego dijo mirando a una niña de cabellos ensortijados y cara de luna que sonreía y bailaba:

- ¿Tú has agarrado un reloj en el baño, no? Devuélvelo, por favor -

La niña no entendió lo que le decían, hasta que la dueña de la casa se le acercó y mirándola a los ojos le dijo:

- Tú tienes el reloj de mi amiga, devuélvelo por favor hijita, fuiste la última que entró al baño -

Ella completamente avergonzada miraba como todo el mundo e incluso la dueña del cumpleaños la observaba molesta porque se negaba a sacar de su pantaloncito lo que había adentro. Se sentía confundida y no quería mostrarles:

- ¿Qué pensarían? -

Si hubiera tenido más cuidado, mamá siempre se lo advertía, pero ella nunca hacia caso, debió de colocar lo que tenía en el bolsillo en otro lugar más seguro.

La madre intervino enojada y acto seguido las cuatro (la dueña del reloj, la mamá, la dueña de la casa y la niña del cumpleaños incluida se dirigieron al baño, ahí la niña fue registrada por la mamá que le enseñaba a la dueña del cumpleaños que no había tal reloj, tan sólo 3 caramelos de azúcar aplastados y hechos melcocha dentro del pantalón. Desde afuera, alguien anuncio:

- El reloj encontrado en la cocina -

La madre ya no quiso quedarse a pesar de las disculpas de la dueña del santo, la niña temblorosa y lastimada creó una máscara invisible y se la puso ... (Mascaritas) ...

✳

+++ No, yo no vuelvo

Los gritos no encuentran calma. La venta no fue buena y lo siente el cansancio lo venció, 6 años solamente; ya nadie quiere que le canten en el bus ya a nadie se antoja caramelos; cansa caminar, sus pies son muy pequeños. otros le robaron el dinero. Se quedó dormido, lo siente que no se repite de nuevo ruega, pero que no lo boten a la calle; que le den la última oportunidad.

Le dicen, que de no traer dinero sabe lo que le espera, la correa y el palo no duelen tanto como la desesperanza.

Sentado frente a la mesa Esteban, más solo que nunca lo observa, dos lágrimas caen sobre la taza de un café pastoso bebido dolorosamente, cuchillos de angustia, atraviesan su edad y su garganta el hombre grita, vocifera, su padre se dice. Ese hombre escupe odio y furia. Ahora lo tiene cerca junto a su oído, babeando vicio y alcohol, lo coge de un bracito y lo zarandea sin freno.

- ¡Vuelve a trabajar a la calle vago y no vuelvas sin dinero! -

Sebastián llorando.

- Si no, no vuelvo -

El borracho sigue gritando. Sebastián se aleja de casa llorando la vida y su desgracia sabe que ese día no venderá nada, que de vender los más grandes lo robaran. Se aleja triste, triste. Sobre la espalda todos sus recuerdos.

Llorando repite:

- No, no vuelvo -

Fue así que Esteban para poder sobrevivir y disimular su terrible orfandad zurció con sus manitas una máscara invisible y se la puso... (Mascaritas)...

Confesiones

Viví la mayor parte de mi vida con un problema crónico. Desde pequeña las cosas me afectaban demasiado. El dolor subía como un nudo asfixiante a mi garganta y no podía evitar que las lágrimas brotaran de mis ojos.

No me di cuenta de ello entonces, poco a poco me fui tiñendo irremediablemente de azul.

Los Muchachos

Creciendo
Los niños ahí y en el lado invisible fueron creciendo,
cuando se hicieron grandes
tristemente resignados
caminaron hasta llegar al
ombligo del mundo,
donde se transformaron en luz.

B. Ciudad de la luz

+++ Vicentina

Levantarse a las cinco de la mañana con dos costales vacíos a comprar pan a la tienda en el mercado mayorista. Callejón. Ve pasar a Sebastián cargando bolsos, se le acerca corriendo, corriendo y le tira un pan que el atrapa con la mano y una sonrisa. Regresando con el pan, sirviendo desayuno, mesa lista.

Las botellas puestas en la puerta para ir al mercado mayorista otra vez por aguardiente para la tiendita, rápido, de regreso. 8 años. Una taza de avena corriendo y saltando por la línea del tren camino a la escuela repasando la tabla de multiplicar y contando sus pasos, sin los 20 centavos de pasaje. Siempre tarde:

- No alcanza - decían los mayores.

- Mi papá es el jefe del banco -

Les decía a sus amigas en la escuelita, a la hora del recreo:

- Me dejó encargada con una tía, ya regresa -

Las niñas la miraban incrédulas a ella y su ropita vieja. La miraban a ella, su sonrisa avergonzada y sus pies sin zapatos.

Terminaban las clases. Mediodía. Platito de sopa, al río a lavar ropa, sacando agua del pozo, cargando hijo ajeno en la espalda, lavar pañales, a las 5 a comprar aguardiente nuevamente.

Llegar a ayudar a los mayores en las javas a cortar cablecitos. Ella y las tareas junto al mechero, pensando y triste en su papá, jefe del banco, que la dejó encargada, que volvería por ella, que no veía desde hacía mucho tiempo. Para que no notaran los mayores su pesar zurció una mascarita invisible y se la puso... (Mascaritas)...

+++ Memorias

El frío intenso, el viento helado los despertaba, haciéndolos tiritar. Alistándose para empezar el día mientras sonreían y decían diosito alalauu. Viajábamos a los diferentes pueblitos. Tardes maravillosas en Yunguyo, en que el cielo se veía de fiesta. Teníamos una escuela y querencias. Un profesor que en sexto grado, ahí en el María Auxiliadora, a quien apodaban "El Puma", nos enseñaba a pensar críticamente y nos intrigaba. Nos narraba sobre las injusticias del mundo y también nos instruía sobre literatura. Un día llego otro profesor suplente y al felino no lo vimos mas, pero nos dejó marcados.

Recuerdo, que la edad comenzó avanzar en nosotros, que seguíamos viajando a los pueblitos, los adultos incomodándose por cargar la chiquillada, aguantar travesuras.

Éramos libres. Nos reíamos, teníamos libros, contábamos chistes, la vida era completa. En las noches oíamos la música y el canto de los Sikuris, arrullándonos, era una canción de cuna en cielos estrellados. Gozamos esas excursiones plena y profundamente, de las caminatas, la leche condensada, las galletas saladas. Teníamos todo el campo para nosotros, el ichu que crecía rebelde, los pasitos por la orilla del lago arrancando totora, masticándola como nos lo habían enseñado.

Ilave. Desaguadero. Pomata. Chucuito. Casani. Yunguyo.

- ¿Por qué había tantos niños, como nosotros, pero sin zapatos? -nos preguntábamos mientras jugábamos con ellos.

- ¿Por qué caminas tanto para llegar a tu escuela? -

Mientras caminábamos con ellos. Ahí de preguntones.

- ¿Por qué comían tan poquito? -

Mientras los observábamos y compartíamos.

- ¿Por qué su ropa estaba rotita? -

- ¿Por qué ... Por qué ... Por qué...? -

Venían a jugar con nosotros, nosotros íbamos a sus casitas a jugar. Ahí, entre sus pellejos, sus sencillas ollas de barro, oíamos palabras en Aymara que no entendíamos. Ellos reían con los ojos, entre los mocos que resbalaban por sus caritas cuarteadas. Nosotros felices de conocer mil caritas en cada casita. En cada ventanita un mundo. La sopita de quinua, cebada molida, kiwicha, api con pan cauca. A veces sólo sopita, sin aderezo, le echas la quinua, papitas chicas con habas verdes, queso entero y un pedazo de ispi.

Tempranito, nos metíamos los riachuelos a sacar la escarcha que, como nata los cubría. La poníamos en canastas. Nos sentábamos con ellos a conversar y a tomar helados, paletas de hielo. Luego regresábamos con mamá y a la sopita.

A veces nos quedábamos unos días más, aunque la escuela ya había empezado. Los veíamos, caminando a la escuela, 5 kilómetros a paso firme. Los zapatos colgaditos en el cuello para que no se gasten, los usaban sólo para pisar en el aula. Traviesos como nosotros, les dábamos alcance para jugar en las orillas del lago, o los esperábamos hasta verlos regresar e ir a bañarnos en los pocitos de agua hasta que el sol se escondía.

Luego ellos se alejaban y nosotros a mirar la noche estrellada, jugando a las escondidas. Ya cansados a dormir, nos metíamos a la cama. Físicamente exhaustos, la mente se mantenía despierta. Mamá nos dejaba escuchando la radio y leyendo a Arguedas en voz alta. Los Zorros: uno de arriba y uno de abajo.

- ¿Por qué uno de arriba y otro esta abajo? -

Preguntaba el más curioso y se prolongaba la noche.

Recuerdo que corrían los días, devorábamos todo con la mirada, el cielo azul intenso, las nubes y el lago enigmático.

- ¡Oye. Esa nube porsiaca es mía ah! -

- ¡La otra está más allá, atrápala! -

Ahí las vaquitas flaquitas, por ahí los perros ladrando y corriendo.

- ¡Hey mira! ¡Mira! -

Las casitas ahí, los niños del pueblo corriendo detrás del carro. Diciéndonos:

- Hola amigos. Hola amigas -

Todos locos, gritando a voz en cuello, aspirando el aire puro del campo.

Los niñitos del campo seguían batiendo palitos y alzando las manitos contentos. Las pequeñas ciudades se iban perdiendo. Los caminos se iban poniendo más agrestes. Un golpe en el pecho de sólo pensar que ahí todavía vivía gente.

¿Cómo podían vivir así?

En medio de todo esto, paredes pintadas de blanco, con frases escritas y mensajes que no entendíamos.

- "Empieza la lucha armada" -

Preguntábamos a los mayores:

- ¿Qué era la lucha armada? ¿Qué decían los mensajes? -

Sorprendidos como nosotros de ver zonas casi desoladas, con tanta miseria y pobreza, ellos nos contestaban:

- "No sabemos" -

A lo largo del camino la tierra parecía azotada por látigos implacables, cuarteada y dura como los corazones de tanto llorar...
En esa época el hambre comenzó a cobrar factura, se hablaba de una de las peores sequías de la región. A mitad de marzo, volvimos al colegio, empezaron las tardes de picarones, marcianos, tareas, miradas furtivas y juegos, sin presagiar que se acercaba la desgracia...

(La ciudad de la luz).

+++ Lo que aquí se dice, aquí se queda...

+++ Despedida

Preparaba la cena para los hermanitos
Rezando y suplicando en silencio, pero estaba tan malito...
Tocaron a la puerta

- Han llegado muy rápido - pensó.

La primera en entrar fue la madre iba hecha sombra y en silencio, asustada comenzó a preguntar por entre la gente que se estaba metiendo a la casa:

-¿Por qué tanta gente? ¿Dónde está mi hermano? ¿Cómo está? ¿Qué tiene? -

Finalmente entró la casera de la casa y le dijo en voz baja:

- Tu hermano ha muerto hijita, ha muerto tu hermanito -

- ¡No! - gritó la muchacha - ¡No! ¡No! ¡No! -

Salió corriendo hacia la calle, corría, corría desesperada, tratando de buscarlo, recordando con detalle todos los momentos vividos durante ese maldecido día en que lo perdía para siempre y la felicidad como la conocía.

- Me voy a morir - decía él.

- No hermano. No -

Decía ella, mientras le sobaba la barriguita. Así se estuvo todo el día mientras mamá corría por un doctor, golpeando puertas, regresando a casa con esperanzas trayendo a uno que no dijo nada. Volviendo a salir y la huelga de médicos en toda la ciudad... Ella cantando sin parar, cataplasmas de orina en la barriga la fiebre saben aliviar; medicamentos que no funcionan.

- ¿Qué tiene, qué tiene por Dios? ¿Qué tienes hermanito querido? -

Vamos a cantar, olvídate del viejo de sombrero negro, si yo también lo vi.

-¿Sabes? Le saqué la lengua -

Recordó que, la noche anterior, no le había contado que ella soñó, con el hombre del sombrero negro, el hombre que en sus historias, los correteaba. Soñó que lo había atrapado, encerrándolo en una casa de calamina. Desesperada, rogaba y golpeaba la puerta y él viejo no lo dejaba salir. Se lo había llevado.

No se dió cuenta cuanto había corrido hasta que de pronto divisó el muelle. Desolada, no sabia donde estaba, donde quedaba el hospital y no deseaba preguntar. Debía volver. Su madre estaba sola con toda esa gente extraña y sus hermanitos ahora dependían de ella, había que consolarlos.

Regresó despacio llorando en voz alta, abriendo la boca, aullando y babeando de dolor. Su pena era tan grande como una noche tenebrosa, atormentando hasta las calles. La gente la miraba sorprendida, la creían loca. Unos haciéndose a un lado, otros con compasión en la mirada, pero nadie le preguntó que le pasaba.

Al llegar a casa y cruzar el portón, una ira ciega mezclada con desolación se apoderó de ella. Ahí estaba el viejo poyo de piedra, donde jugaron tantas veces, donde contaban historias sus amigos del barrio en noches de luna clara. En un arrebato abrazó al poyo de piedra y miró a los cerros ennegrecidos a lo lejos, tratando de estrangularlos con su abrazo desamparado.

Lanzó un alarido llamándolo, al que ya no era su amigo, ni su confidente, ni su fuerza. Ahora debía de seguir sola. Como dolía perder a su compañero de juegos, de un momento a otro para toda la vida. La muerte se tornó, de repente, en una realidad.

Fue entonces que supieron de ella. Tantas veces, llorando juntos desde que descubrieron lo que significaba la muerte, hablaron de eso, preguntando a los mayores sobre la vida. Era el fin, el final del camino.

No eran inmortales, ni poderosos. Sus vidas eran de papel. El hombre de sombrero negro se lo había llevado. Dios, al que tanto le había rogado, no la había escuchado. No volvió a llorar por él sino hasta muchos años después.

En casa todo parecía normal para ella, era como si él no se hubiera ido, de alguna manera se había hecho a la idea que ahí seguía a la ahora de comer, de dormir, incluso de ir al colegio, lo veía cargando su maletín, pasándole caramelos y dándole abrazos y sonrisas a escondidas, fastidiándose con sus amores platónicos y dándose aliento; ahora si se decían le dirás que si y que pasó.

- ¿Le dijiste? -

- No -

- Qué tonta, qué tonto y él reía, tonta hermanita, a ver -

Parecía que su mente había bloqueado los recuerdos tristes de su partida y la de sus perritos que fueron regalados al día siguiente de su entierro. De alguna manera, ellos también habían muerto, habían bajado el telón de su existencia junto a él.

Ya nada era igual en la escuela. Ella se escondía más a menudo. Una timidez casi enfermiza comenzó a apoderarse de ella, en forma tal que desmenuzaba los buenos días y los hasta mañana. Sentía un enorme dolor de cabeza constante.

Trataba de evitarlo recordando lo que él había dejado; arreglando la cajita de juguetes; el sombrerito plomo; la bolsita de soga que él regaló a mamá en el día de la madre; las canicas de todos los colores y tamaños que él guardaba celosamente; los soldaditos compañeros de todas sus batallas, el maletín que él cargaba porque no le gustaba el asa. Como calmaba su dolor, abrazar esa maletita.

Recordando la seda de sus cabellos, lo largas de sus pestañas, sus ojos grandes, su sonrisa, su gran inteligencia se consolaba.

El día que él murió, al sentirse más solita que nunca, sus manos de adolescente hicieron una máscara de hierro y se la puso... (Mascaritas)...

+++ Recobrado el aire a duras penas

Presos aún de la extenuante vigilia, hora es de recostar el cuerpo, los huesos, tendones, cartílagos, las células cansadas, la delirante agonía de su adiós.

+++ Luego de 30 ...

Llovía torrencialmente, el bus que nos llevaba se mecía con la inclemencia de ese clima que parecía enfurecido y nos hacia padecer su malhumor, como reclamando una deuda pendiente y muy atrasada. El bus iba sacudiéndose achacoso por el camino entre la lluvia torrencial, los truenos, relámpagos y el viento que sacudía las ventanas. Viajábamos todos en vilo, deseando llegar pronto a nuestro destino.

Yo y el asiento fuimos uno. Amodorrada, recordando ese frío intenso, ese viento helado que nos despertaba, haciéndonos tiritar. Alistándonos para empezar el día mientras sonreíamos y decíamos como aquellos niños a los que alguna vez llamamos amigos, alalauuu.

El bus seguía tambaleándose. Viajábamos exasperados por tanta vuelta, de las subidas y descensos sin fin. Cuando estabilizó su marcha, pudimos observar desde lo alto, las luces de la ciudad, nuestro destino deseado. El júbilo, el alivio, las sonrisas se dibujaron en casi todos los rostros.

- Ya llegamos -

Me dijo la señora que estaba sentada mi costado, despertándome de la cesta de mis recuerdos.

- Gracias - le contesté.

Me estiré en el asiento, me arreglé un poco el cabello, guardé las cosas en la bolsa de mano, me paré y tomé mi pequeña maleta preparada con lo indispensable y necesario para empezar mi estadía en la ciudad.

Al bajar del autobús sentí la misma emoción que experimenté cuando el carro avistó la ciudad 30 años atrás, la misma algarabía inexplicable junto a una sensación de libertad única, sólo comparable con la inmensidad de ese cielo azul y la belleza de su lago, el olor a totora, a tierra mojada invadía mis fosas nasales. Después de una larga ausencia, llegamos a la ciudad. Ahí estaba yo, extasiada con mis mementos.

- Por fin llegué -

Pensé, atesorando los motivos que me obligaron a regresar a ella, la ciudad de la luz.

Salimos en fila india. La lluvia seguía imparable. No tenía paraguas, me empapé de pies a cabeza caminando el pequeño trecho de la parada del bus a la recepción de la agencia. El olor a tierra mojada inundaba mis sentidos haciéndome sonreír.

Finalmente estoy aquí, me dije. (En la ciudad de la luz).

+++ El tiempo que pasa y no deja nada

C. Juventud en tiempos de toque de queda

Patricia Linares

+++ Los libros que nunca leyó

Llegó a la universidad con la emoción propia del primer día de clases. En una época donde estudiar filosofía era considerado ser subversivo, agitador, revoltoso y sujeto a todo tipo de sospechas. Encontró a nadie, el campus universitario estaba desierto para ser un casi mediodía laboral. Por la mañana muy temprano había tomado una decisión luego de observar la lista de libros de consulta que necesitaba de primera mano. Pensó:

- Imposible comprarlos a los precios originales y aun así tan sólo las copias le costarían los pasajes del mes, sopesó toda la situación y decidió sacrificar los magros "lonches" que podía adquirir y los pasajes, confiando en que podría desplazarse en lo que jocosamente los universitarios a mitad de mes llamaban, a las piernas: "las dos llantitas".

Así pues se dirigió tempranísimo a la avenida San Martin y adquirió las copias de los textos requeridos, además algunos libritos ineludibles de consulta personal. Luego de un desayuno rápido y sencillo de un pan con camote y su café en un puestito ambulante, se dirigió, presurosa, a la ciudad universitaria de San Marcos a sus primeras clases.

Ahí estaba, a la hora mencionada, preguntándose:

- ¿Qué tipo de celebración pudo haber hecho que la ciudad se viera totalmente desierta? -

Revisó de nuevo los horarios y las fechas, pensando que quizás era un error, que la clase se había postergado. Durante esas cavilaciones estaba dando vueltas, mirando y pensando de mala gana regresar a su casa a pie.

De repente, instintivamente levantó la cabeza al escuchar un ruido como el de un cañonazo, tratando de ver, desde el banco donde se encontraba sentada. Asombrada observó que las tanquetas del ejercito rompían las paredes de acceso de la ciudad universitaria.

Súbitamente, de todos rincones un estampida desbocada de estudiantes corrían asustados de un lado para otro sin saber donde esconderse, unos trepaban las paredes buscando refugio en locales anexos pero era inútil, muchos soldados los perseguían. Todo era un caos total, gritando, escapando, pero sin lograrlo, siendo finalmente arrastrados, a patadas, a los camiones. Todos corrían: profesores, secretarias sin saber a donde ir. El miedo se apoderó del ambiente calando sus huesos.

- ¿Por qué correr? -

Se preguntaba, mientras se aproximaba a la facultad de ingeniería química, sin haber hecho cosa alguna, solamente estaban ahí para estudiar. Ella no lo entendía. Entró apresuradamente a la facultad, con la mochila en la espalda, los libros le pesaban enormemente.

Entonces vio todo en cámara lenta como en una película de acción, escuchó los gritos, las sirenas seguían lastimando sus oídos.

Quiso refugiarse en uno de los salones, pero no lo consiguió porque una masa de estudiantes aterrorizados, llenó los salones, no existía un agujero en el que pudiera esconderse. Decidió subir al segundo piso usando las escaleras, entró, de manera instintiva, a uno de los baños, sintiendo un dolor en el estómago casi vomitando. En verdad, lo que quería era defecar la ira, librarse de ese sentimiento de impotencia al no entender porque estaban siendo atropellados, cazados, perseguidos, como si fueran delincuentes.

- Tengo que esconder los libros -

Se dijo a si misma.

Tenía que ocultarse. Todos sabían que había una lista considerada negra, libros que eran sospechosos. Los había visto en las noticias, junto a los hombres y mujeres acusados de terrorismo. No comprendía porque estos libros eran presentados como pruebas de terrorismo, ya que en Europa y en otras partes del mundo se los leía normalmente. Escuchó que la policía muchas veces sembraba "pruebas" para justiciar las muertes en masa de estudiantes y campesinos.

163

Viajar en autobús era un una experiencia enervante porque no sabia si la harían bajar en cualquier paradero y sus familiares la volverían a ver. Era corriente escuchar, cada cuatro paraderos a los soldados gritar:

- Todos los que tengan carnet universitario bajen del autobús y formen una fila. -

Esos eran los tiempos del terror.

Detrás de uno de los baños dejó su mochila ahí, con una aprehensión maternal, marcando el lugar para recordar donde los había colocado y regresar por ellos, anotando el número de cuarto en un papel para no equivocarse. Guardó la nota en el bolsillo y salió corriendo, pensando en sus pasajes, sus libros, su mochila; tratando de memorizar cuál era el baño y el número de cuarto.

Subió las escaleras, llegó al último piso, casi sin aliento.

- Es lo más seguro, aquí sólo llegan tumbando el edificio - pensó.

Tratando de reconfortarse con esa idea, pero la desesperación de imaginar que pudiera ser así la espanto. Entró en el último salón, al fondo del pasillo. Estaba oscuro y creyó estar sola, cuando una voz le dijo:

- ¡Ocúltate debajo de la mesa, que no te vean! -

Obediente, se escondió debajo de la mesa, ahí encontró a varios estudiantes, que asustados, estaban agazapados y semi- echados encima de sus mochilas. Sintió temblar a los que la rozaban, algunos llorando; las que lloraban más eran las mujeres.

Se oyeron sirenas en el edificio y los gritos de las personas que iban sacando piso por piso. De súbito ya no se podía ver nada, los ojos le comenzaron a arder y sintió que la garganta y los pulmones se le quemaban.

Empezó a resollar por falta de aire. Alguien le dio un pañuelo mojado con el que se cubrió rápidamente la cara, para que no se notará, debajo de su máscara, el dolor que le causaba la asfixia y la vergüenza de que la vieran llorar.

Uno de los estudiantes pedía que no gritaran y que trataran de mantener la calma.

- Se llevaron a toda la gente del primer y segundo piso, ya están cerca -

Gritó histérica una voz.

Sintió que un hilito de agua le mojó los pantalones y se dio cuenta que alguien se había orinado.

- ¿Por qué nos hacen esto? - preguntó en voz baja.

- Tratan de acabar con la subversión -

Patricia Linares

Le contestó la voz que le había dicho minutos antes que se metiera debajo de la mesa.

- Como si no supieran que estos abusos son la fuente de la rebelión, nosotros no somos los terroristas. Me llamo Esteban, estudio en la facultad de Medicina. Vine aquí a ver a unos amigos - ¿Y tú? -

- Soy Selene. - Le contestó -

Recién ingresé a Filosofía. Un gusto de conocerte, Esteban.

Luego, se quedó quieta, llorando de miedo y de rabia, tapándose la cara con el pañuelo para esconder su máscara; debajo de esa mesa de laboratorio, estrujada por la juventud que se orinó temblando de miedo. El tiempo se hizo eterno.

Los gritos y ruidos cesaron. Salieron. El pabellón estaba desierto. Orientándose con dificultad, a través del humo de las bombas lacrimógenos que oscurecieron el edificio. Todos corrían.

Con el pañuelo cubriéndole la nariz y la boca, se encaminó hacia el baño para rescatar su mochila. Llegó al baño, buscó su mochila pero no la encontró, le habían robado sus libros. Desalentada bajó por las escaleras y salió al patio.

La ciudad universitaria parecía desierta. Miró a los lados contemplando las murallas de protección de la ciudad derrumbadas; el suelo cubierto de papeles; un sin número de zapatos sin su par, todo esto adornaba el lúgubre escenario.

Al Che Guevara lo habían matado una vez más, su estatua yacía en el piso, totalmente destrozada. Caminó despacio dejando antes la ciudad. Habiendo sufrido esta experiencia, perdido su mochila. Si minutos antes de ocultarlos se preguntó que encontrarían en los libros de negativo para tener que esconderlos, ahora tenía la certeza de lo peligroso que era poseer esos libros. Sin darse cuenta los había leído todos en esos escasos minutos.

Para aliviar la situación, varios conjuntos musicales entraron al estadio de la ciudad universitaria y empezaron a tocar música folclórica. Atraída por la música, se sentó a escucharlos y a juntar fuerzas, para lo que vendría. Los sonidos del charango, de las flautas y del tambor la calmaron un poco. Luego la banda universitaria de Sikuris le recordó a la "ciudad de la luz " dándole ánimos para regresar a su casa, sin pasajes de autobús para el mes y sin mochila. Después de esta experiencia, fácilmente podía imaginarse el contenido de los libros que nunca leyó. Podía repetir de memoria los detalles que probablemente describían estos libros.

Para que no notaran que se había dado cuenta de todo... Construyó una máscara sobre la que ya tenía y se la puso...

+++

Gasta, gasta, gástalo todo: el dinero, las palabras y las ansias.

- ¿Cuándo no tengas amigos, dónde irás? Cuándo no tengas recursos, ¿qué harás? Cuándo se te acabe la vida, ¿qué más podrás gastar? -

+++ Dilema

Dilema 1. ¿Hay para el desayuno?

Levantarse tempranito, si es posible, tres horas antes, para lidiar con anticipación con el dilema 2. Asearte y ponerte la única muda de ropa, lavadita la noche previa, porque eso si: pobre pero bien limpia. Considerando meticulosamente que para ir a la universidad, la moda en la ropa es lo de menos, la necesidad invento el parche y el zurcido invisible, en caso de agujeros o roturas.

Luego de cambiarse y alistar las ganas de estudiar, se pasa por la cocina y el comedor y si una es afortunada se toma velozmente y agradecida el desayuno, consistente en su tacita de leche de soya, café, te con o sin azúcar y su camote con o sin pan dependiendo también, porque en este caso diario la esperanza es lo último que se pierde

Dilema 2.- ¿Hay para los pasajes o no?

Este dilema se resolvía sobre la marcha y al salir de casa. En días afortunados que hay para el pasaje lo único que había que evitar, si era posible, camino al paradero del bus en orden de aparición: los guapos del barrio, los piropos anónimos y los trabajadores de construcción.

Una vez dentro del bus, la suerte estaba de tu lado si encontrabas un asiento vacío para descansar y para evitar, durante todo el trayecto a los "mano larga" persiguiéndola a una, por todos los rincones para tocar por "accidente": pecho, pierna o espalda.

Una, ya precavida, tenía a mano cualquier objeto punzante, como lapicero o llavero, para apuntar y clavarlo al menor indicio de incomodidad en el cuerpo.

Viajar tratando de pasar desapercibida no evitaba: las miradas, que, con insistencia, trataban que una observara sus muecas obscenas; ni tampoco los susurros subidos de tono que se escuchaban al bajar del bus, finalmente liberada.

Por otro lado, el no tener pasajes para el bus, implicaba un viaje en las "dos llantitas" de locomoción. Una iba tratando de mirar el paisaje, como si fuera la primera vez que recorría esos lugares por los que constantemente se pasaba, para matar la rutina.

Dilema 3.- ¿Que se aprenderá hoy?

Casi nada. Ver a los profesores bostezar; memorizar un texto; escribir dictado evitando ignorar los puntos y las comas. Después de esta magnifica experiencia diaria, una se preguntaba si le podrían devolver los pasos andados y el cansancio para resarcir esa estafa. Para remediar parcialmente esa situación de 'laissez faire', 'laissez passer', los reclamos, las tachas y las protestas estudiantiles fueron necesarias. Lo único que una aprendía diariamente era el valor y la gran importancia de la palabra autodidacta.

Dilema 4.- Ya de regreso, una se preguntaba:

¿Habrá que luchar con los mismos dilemas mañana?

+++ Avelindo

Se llamaba Avelino. Era el típico muchacho provinciano que hablaba medianamente el español. En el barrio era el mas feo y encorvado. Esteban, sin embargo, siempre lo defendía con un gesto amable para él. Avelino tenía la nariz desviada y los dientes para afuera. Cuando se reía parecían las teclas torcidas de un piano malogrado. No era retardado pero era tosco, terco hasta ser bruto, macizo y enormemente fuerte. Salíamos a jugar por las tardes pelota con toda la chiquillada y no había quien le ganara en pulsadas o otros juegos de fuerza.

Un día, ni bien terminamos la secundaria no lo vimos mas. Eran los días en que Esteban vivía ensimismado tratando de descifrar las elegías de Duino y los sonetos de Orfeo de Rilke, imaginando el horror del poeta de verse vestido de mujer, castrando su virilidad y a merced de una madre punitiva.

Al indagar sobre Avelino nos contaron que se lo había llevado la leva a pedido de un tío suyo. Esta noticia nos desconcertó. Luego de la sorpresa inicial, cada uno siguió con su rutina cotidiana. Al poco tiempo Avelino volvió esta vez de uniforme. Después de verlo disfrazado así, nos preguntábamos, los palomillas del barrio, como habrían hecho en el ejercito para enderezarle la espalda encorvada que lo identificaba desde su niñez. Nos impactó verlo tan cambiado.

Un día, nos reunimos con él para averiguar que había sido de su vida. A los diez y siete años, Avelino lucía sus botas lustradísimas, uniforme de gala y una postura erguida. Sonreía al decirnos:

- El ejercito ha mejorado mi vida -

Entre copita y copita de la cerveza, que bebíamos a escondidas de sus hermanas, nos contó, orgulloso, detalles de su entrenamiento, haciendo hincapié de la disciplina necesaria para llegar a ser un soldado del ejercito peruano. Todos quedamos maravillados y algunos pensaban en la posibilidad de enlistarse, entre ellos Esteban, quien no se decidía entre estudiar medicina o formar las filas del ejercito.

Las chicas del barrió, viéndolo tan cambiado y tan elegante, lo apodaron: "Avelindo", lo convirtieron en el centro de sus conversaciones y de su atención. Lo llamaban constantemente invitándolo a sus fiestas y reuniones.

Avelindo volvió a su regimiento y no supimos de él hasta tiempo después. Las muchachas cansadas de esperar ya salían con otros pretendientes. Esteban entró a la facultad de medicina. Nosotros, cursábamos el primer año de literatura en la universidad.

Cuando él retornó, bien uniformado y elegante, el grupo se volvió a juntar. Esta vez notamos que él tenía una mirada cansada y se mostraba parco. Avelino invitó las cervezas y no paraba de beber. Le preguntamos que había hecho, nos respondió:

- Ahora ya soy todo un hombre -

Luego contó que un día se los llevaron a los "caseríos", a luchar contra los subversivos, defendiendo al gobierno de "turno". Describió en detalle las armas usadas. Entre risa y risa, haciendo un esfuerzo, narró que en un caserío habían aniquilado "a todos esos terrucos".

- Nadie se salvó - dijo.

Aterrados, lo escuchamos en silencio.
Cuando Avelindo terminó su historia, uno de nosotros le preguntó:

- ¿Ustedes estaban seguros que ellos eran "terrucos? -

- No lo sé, y ni siquiera importa ya. A nosotros nos dijeron eso y órdenes son órdenes - contestó él.

Con la miraba desviada, bastante mareado, continuo con su relato. Dijo que fue necesario dar una última inspección al lugar para cerciorarse que no hubieran mas "terrucos". Entonces encontraron a una docena de mujeres escondidas entre las ollas, mesas, las bolsas de tocuyo de harina, en una cocina vieja.

El capitán ordenó llevarlas al cuartel.

Mientras seguíamos bebiendo, Avelindo nos dijo:

- Las violamos. Hicimos una lotería y yo, que jamás tengo suerte en nada, ese día fui muy afortunado. Sólo pude agarrarme a tres muchachas, eso porque ya no tenía mas leche en los huevos. Basta de preguntas. Sigamos chupando -

Esteban reaccionó furioso. No podía comprender ni aceptar que un amigo hubiera participado en semejante atrocidad, masacrando gratuitamente a personas humildes, con la disculpa de creerlos "terrucos"; violando a muchachas inocentes. Parecía que el trago le ardía en la garganta y la conciencia.

Esteban, como una fiera enjaulada, no pudo más y se le fue encima. Lo cogió por el cuello mientras le gritaba:

- Matando y violando a tu propia gente. Te voy a sacar la mierda por cobarde -

Se agarraron a golpes. Cuando los separaron, Avelindo lloraba escandalosamente. Gritaba:

- ¡Qué puede uno hacer! Si te hacen matar y comer perros y te das cuenta de donde estás. Cuando te apuntan con un fusil en la cabeza, para obligarte a que lo hagas, no tienes otra opción. O lo haces o te matan -

Nos fue difícil creer su historia, pensamos que le habían dado diablos azules por que bebió demasiado.

Después de la pelea, Esteban se separó del grupo y no los volvió a ver. Meses más tarde, se enteraron de la captura de miembros del ejército acusados de participar en un genocidio y crímenes de lesa humanidad. Un grupo de mujeres que fueron violadas y que pedían justicia, formaron un taller para ayudar a sanar las heridas de la guerra.

También se supo que Avelindo desertó del ejército y que por un tiempo estuvo escondido. Meses después: regreso a la sierra, se había casado, se dedicaba al campo y ayudar a sus vecinos en las chacras.

En un lugar distante un hombre bebía café.

Al oír estas noticias, Esteban cambio su actitud negativa, para él ya no era Avelindo, volvió a ser su amigo de infancia: Avelino.

Sobre las máscaras que ya tenía y para que no notaran que se daba cuenta de todo, Esteban tejió otra máscara con sus manos y se la puso... (Mascaritas)...

D. Reflexiones a la luz de la vela

+++

La vida, tren veloz que no te garantiza parada en la siguiente estación.

+++ Rutina

Todas las noches se sentaba en aquel escritorio viejo y algo destartalado. De tanto en tanto se paraba y caminaba a través de los largos y desiertos pasillos. Sólo el silencio y de vez en cuando los quejidos de algún paciente que le llegaban para avisarle que estaba despierto.

Así se pasaba las horas caminando, repasando las paredes sentándose para luego pararse de nuevo, haciendo anotaciones mentales de sus observaciones.

Era una mujer regordeta: de mediana edad, enormes espejuelos, cabello corto canoso, extremadamente pálida, vestida siempre de negro.

Era el centro de atención de sus colegas, que se preguntaban: por qué se vestía tan abrigada en tiempo de calor y se cubría tan poco en el invierno. El por qué mostraba esa alegría inusitada, que la hacía reír comentando los planes del día.

Sus amigos le preguntaban:

- ¿No vas a dormir? -

- ¿Dormir?- Ya he dormido toda la noche - contestaba ella.

Se daba perfecta cuenta de dónde estaba y lo qué hacía, esto la enfurecía. Toda la noche era un constante penar por la soledad en la que encontraba, atada a ese trabajo mecánico y solitario.

Sentía que estaba cargando una piedra, una "Sísifo" en versión moderna, que observaba desde lo alto el amanecer. En sus noches, su semblante lleno de cansancio y de tristeza cambiaba de color en las mañanas. Sin embargo, la esperanza de la que vivía enamorada, la hacía regresar siempre al trabajo.

Su amigo, que pasaba a chequear las alarmas, se detuvo por curiosidad.

Ella al verlo le dijo:

- Aquí me vez, amigo mío, presa sin escape en un trabajo que no quiero y que me hace sufrir. Quizás sufro igual o más que los pacientes. Paso el tiempo conversando con las paredes que me cuentan historias, quieren convertirme en una pared más. Me resisto porque el día me trae lo que la noche me niega.

- Vida, me siento semi ahogada, aunque sea sólo a medias, te respiro como si fueras lo último de oxígeno. Me das aliento para seguir una noche más, acariciando la ilusión de los amaneceres, queriendo hacer nuevos planes -

El amigo la escuchaba sin atinar a decir algo. Era tan claro su mensaje y tan francas sus palabras que lo dejaron pensando.

Ella lo miró presintiendo y le preguntó:

- ¿Pero tú que me cuentas de ti y de tu jornada? ¿Sientes acaso los días pasar como números que se acumulan en un calendario, al que marcas para decir que hay un precedente, una excusa que has vivido nada? -

Él la miró y no supo que contestarle.

Sobre la mesa ella tenía atiborrados dibujos, fotografía y apuntes. El amigo notó, que, en una hoja de papel garabateada y borrosa, se leía:

Entrañable German

"Se que será inolvidable porque quiero que estés conmigo, aunque ya te hayas ido, me dijiste aquella vez y hoy lo he comprendido finalmente. La maquina y el hombre. Ahora solo espejos a los que acudo con premura cuando siento que la memoria me traiciona.

El espacio y el tiempo que nos separa, hilo tenue que se encoge cuando hablamos y se desdobla en la prisa de los días donde el clamor de los sentidos nos aleja, es solamente un parámetro, que no define nada. Sigo recordando como el primer día la promesa que hicimos de tenernos para siempre aquella noche de diciembre en la vía Véneto de nuestros recuerdos."

- Natalia.

La mujer regordeta, escondiendo el papel rápidamente, le contestó:

- Son de la paciente del cuarto número nueve, la que recién ha llegado. -

A lo lejos la locura los contemplaba y decía:

- Ilusos, mira que pretender escapar de mí, no saben que su destino ya está sellado -

Dicho esto, mientras reía, decidió oscurecerse mucho más...

✳

+++ No habla

Y me mantiene atenta

a los sonidos de su silencio.

+++ Hades nunca nos tiene del todo

La contempló detenida, frente a un muro, mirando algo con suma atención.

Se acercó interesada a observarla, contuvo la respiración, entonces divisó la pared pintarrajeada con el siguiente mensaje:

"Hades nunca nos tiene del todo".

La niña, sola.

Cierra la puerta.

Porque tiene frío.

Patricia Linares

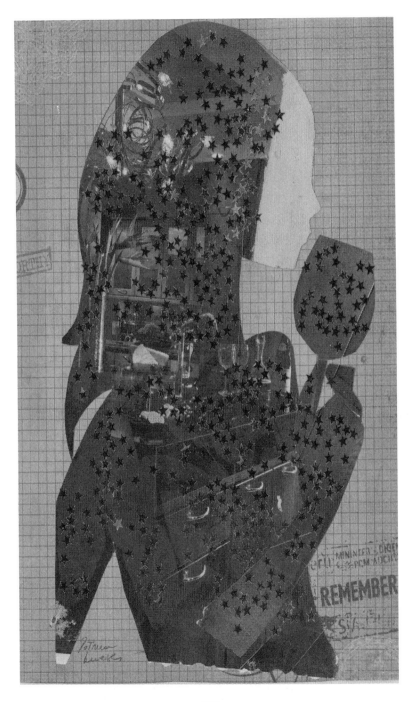

Este libro se terminó de imprimir en la ciudad de
Redwood City en mayo de 2015.

Made in the USA
Charleston, SC
30 May 2015